開運大預言

&祥龍財庫年/開運農民曆

雨揚老師 著

目錄
CONTENTS

1

2024 龍年運程前瞻

祥龍獻瑞！2024 龍年運程前瞻

「飛龍在天照蒼生，祥龍獻瑞迎萬福」！各位親愛的朋友們，吉祥如意，我是雨揚老師；很快地又在年度運勢書與大家見面了，二〇二四年進入威風凜凜的甲辰龍年，開啟了象徵財富豐饒的財富之年，預示著今年蘊藏無限的機運與可能，只要我們透過智慧與創意思維，多放眼市場趨勢，就能開拓更多財源，搶占致富先機，坐擁財福滿盈的富足生活！

《楚辭》：「虎嘯而谷風至，龍舉而景雲往。」色彩斑斕的祥龍，不僅是傳說中的四靈神獸之一，更是古代帝王與皇權的象徵，其身披五彩外衣，滿溢著祥瑞之氣，可展現出卓越不凡的氣勢，以威武的姿態，勇敢直面所有挑戰；用無盡的聰慧機智，將困難迎刃而解，在甲辰年引領我們大步向前，突破自身極限，朝成功迅速邁進。

甲辰龍年地支屬土，為四庫土之一，在此財庫年的加持下，「土壤」這種厚重、踏實、穩定的力量加倍放大，可助長一整年的富貴鴻運，使今年能開闢無限財機，增長無窮財祿，開拓廣大的財富版圖。

在龍年的洗禮下，可激發我們的活力與能量，讓我們懷抱著滿滿的勇氣與智慧，踏上實踐夢想的旅途，並將每一次的挫折與磨難，化為前行的催化劑，不斷地在過程中完善自我，蛻變成更加堅強與成熟的自己。讓我們在祥龍的指引下，翱翔於成功的天際，享受無邊的繁榮與喜悅！

開運提點

在甲辰年的開運祕法上，辰屬陽土，如同粗硬的燥土或泰山，適合回歸大地之母的懷抱，像是在鄉間或山林間徒步旅行，多與大自然接觸，感受大地的力量，讓生生不息的豐沛能量，由腳底傳至全身，就有助暢旺一整年的福氣好運！

也可以在自家庭院或窗台上種植花草樹木，不僅能與大自然共同成長，和土地建立起更深厚的連結外，還能將盆栽或植物綁上紅線，運用火生土的能量，讓鴻運時刻大發。

此外，由於今年天干地支為木土年，在五行上木剋土，需以火行通關，達到木生火、火生土，生生不息的循環能量；故可挑選在早上七點到九點的財庫時辰，燃點酥油燭來生旺火行能量，便能全方位提升各方運程，令所求所願皆得圓滿，也很適合多佩戴紅繩手鍊、紅瑪瑙、紅珊瑚等配飾。

而甲辰年也有個特殊狀況，即是農曆全年恰好沒有「立春」節氣，但無須特別罣礙，可以在正月的第一個節氣「雨水」來進行開運步驟，搶得運程先機！「雨水」在國曆二月十九日午時十二點十三分交節氣，在這段時間（國曆二月十九日～三月四日）要多留意肝的保養，可多吃青江菜、花椰菜、川七等深綠色蔬菜，也可多吃薑黃飯、多喝些薑茶，排除體內濕氣。

2024 國運流年分析

從甲辰年八字國運來看，所謂「甲辰覆燈火」（也稱佛燈火、燈芯火），由於「辰」屬火氣旺盛之處，在此燈火轉光之際，光力相承，所以叫覆燈火。覆燈火意思即：心如明鏡，智慧聰穎。這是專照天地未明之時的火，能看破紅塵之念，在黑夜裡帶給人光明和溫暖，在內心昏昧不明時，使人清醒。因此，在此年我們無須懼怕黑暗、隱晦之事，應掌握敏捷、迅速、勇武的處事原則，也應遵循內心的信念，多行和善之事，懷抱燃燒自己、照亮別人的奉獻精神，定可為自己積蓄能量，等待時機嶄露光芒。

今年「七殺」透干，代表大部份民眾會為了生計遭遇到更多壓力，煩躁、煩心之事如潮水般湧來，如家中水電故障、汽機車罰單、小孩不聽話、工作量加重、夫妻吵架、詐騙集團橫行……都是壓力來源，另外如明星輕生、知名企業破產等新聞資訊，也是一種無形壓力的來源；故身心靈活動及各類養生方式會越來越熱門，如靜坐冥想、潛水、瑜伽、靜僻營、頌缽、香氛療癒，或是東方養生如太極拳、針灸等，將會密集出現在我們生活之中。

而「偏印」透干，普羅大眾對於精進自身的議題會很感興趣，利用工作空餘時間進修、看書、考取文憑，或學習有興趣之課程時有耳聞，也可能多往靈界仙佛、寺廟、教堂走動……透過念經、燃香、禱告，給自己帶來平靜安詳之力量。

時柱「食神」透干，主名氣遠揚，今年依舊會有各領域表現傑出人士，在國際比賽中獲取好成績，揚名國際；也代表一般民眾，除了本業外也可能身兼數職，透過工作斜槓來增加收入。

地支遇「比肩」，朋友間的應酬來往變多，利於廣結人緣，不失是個開拓人脈的好時機；而在國家運程上，雖說鄰國挖角動作不斷，但仍能獲得邦交國的援助與發聲，只是「比肩」也代表著財物損失，所以國際上以金錢外交鞏固友誼是在所難免。同時地支出現「七殺」，易有小人暗傷、受親友拖累之事，故一般民眾在借貸、投資、找尋工作上……更要小心謹慎，以免賠了友情又耗損金錢。

「食神」代表容易生口舌是非，會對公司主管感到不悅，要特別注意言多必失，切勿意氣用事；出門在外交際應酬、小酌片刻之餘，也要留心一言不合發生爭執，避免樂極生悲，滋生事端。

今年整體而言，可朝火、土行類別發展，如照明、光學、油類、酒類、建築、水泥、化工、食品類、美妝用品、直播相關、網紅經紀、服務業、機械加工品以及投資房地產等皆可參考！

而立春命盤見二顆驛馬星且寅申相沖，此為陽沖陽，沖氣的威力很大，國與國的角力，以及東西方相爭皆會白熱化，在天災方面要注意船難、空難、海嘯、龍捲風等；另外出國人數會屢創新高，交通狀況也要小心留意；不過正向來看，此沖力也將衝出許多新行業，ＡＩ科技及ＩＴ產業會持續蓬勃發展。今年在腸胃（腸病毒或學校或公司團體食物中毒）和呼吸系統方面的毛病也要多加防範，COVID-19也會持續變種，會產生各式各樣的感冒種類，請一定要多加留心，假日可多往大自然親近，沐浴在芬多精中，增強自己的抵抗力。

《地母經》云甲辰年詩曰：

太歲甲辰年，稻麻一半空。
春夏遭淹沒，秋冬流不通。
魯地桑葉好，吳邦谷不豐。
桑棄末後貴，相賀好天蟲。
估賣價例貴，雪凍在三冬。

從《地母經》窺視甲辰年農作運程，可得知稻米和黃麻（在此也包含其他農作物）之收成好壞都占一半，也暗示有一些農作物收成不佳，有可能是因為農作物種類影響收穫，或是因為氣候影響收成結果！

並提醒我們春夏二季多注意洪災，潰堤等事；秋冬二季流不通，呈現的狀況也許是交通中斷，或是河谷淤塞等天災人禍。

也可看出二地收成狀況不同，有的國家收成好，有的則欠收，存在較大地差異性。同時也諭示著某種產業或農產品，原本被大眾遺忘放棄後，今年開始又重新有它的利用價值，並比以前價格看漲！

另外在經濟方面，有可能要三年後才會轉好，引申來說，普羅大眾還是會為了過高的房價、物價和薪資表現感到憂愁，國內的經濟仍是不景氣。

二〇二四年，即使會有失意或不順之時，但也是我們勇於嘗試、修練我們智慧心的時機；只要懷抱著希望，一點一滴進步，就能夠在順境及逆境中遊刃有餘，所有事情都會越來越順遂。別忘了隨時給自己打氣，相信付出終將會有甜美的收穫。祝福大家慢慢蛻變成更棒的自己，迎接燦爛的祥龍年！

2024甲辰年紫微四化分析

度過了二〇二三年，疫情時代已漸漸成為過去，世界各地陸續恢復飛航、運輸、貿易、旅遊等景象。儘管景氣看似復甦，因全球升息影響，造成各國通膨，進而影響銀行貸款利率、食衣住行的消費變高，讓多數人感受錢變薄，面臨得勒緊褲袋過生活的窘境。且國際間的戰事仍烽火未平，間接影響國際局勢，使國防意識提升，各國紛紛擁兵自重，無形間也帶來隱約的戰火延燒緊張感；社會氛圍也同步緊張，不斷籠罩在驚天駭浪的八卦風波、選舉將近的紛擾，與物價起伏跌宕的民生衝擊中，並且詐騙也更為猖獗，許多消息真假難辨，有許多名流權威等的黑暗面遭揭露，引起社會譁然，卻也因此在教育上給予許多反思機會，能引導社會大眾及下一代，在道德是非、投資評估上，更加警醒。

二〇二四年的紫微四化分別是廉貞化祿、破軍化權、武曲化科、太陽化忌，有關國際間緊張情勢、金融相關法規，以及父權相關議題，將會再掀起一波新話題。

廉貞化祿：

廉貞主紀律、法律、大企業、有制度的事；化祿代表樂觀、進財、和氣生財。從事有關維持紀律工作的，如軍、警、法、醫、人資管理等的行業，將能受到注目和重視，並反應在收入行情上，薪情上漲也為相關從業人員帶來心情飛揚與前景期望。此時國家也有望頒布對企業有利的相關法規，各企業也能因制度的調整得到更多優惠，並且能使優良新血更願意加入企業體，而有就業需求者，也可往大企業求職，能得到理想條件。過去不合宜的法案，在此時也有望重新修訂或鬆綁，讓民眾能因此受惠。

投資方面，知名大企業有關的股票，都能使投資者得到獲利；廉貞為官祿主，因此升官調薪等機會多多，宜積極把握。而廉貞又為桃花人緣星，重視形象必能為你帶來各方機會與利益，想廣開財源者，不妨多美容及打理儀容，用魅力為你的實力再添說服力。

破軍化權：

破軍主變動、破壞、軍火、新創、科技；化權代表權勢、競爭、地位。國際間的喧囂戰火將持續延燒，各國更加重視軍武規格，使得軍工股也有望再上漲，同時軍火強大的國家將在國際間取得較多話語權，不重視國防的國家易因此受到壓制，使得國際間情勢緊張。

而過去不合時宜的產業將快速邁向消亡，更多的新科技將強勢突起，創新產業也更加受到注目，此時的ＡＩ科技將為各領域產業帶來更強烈的刺激與衝擊，不論是藝術創作、影音科技、程式設計等，都在ＡＩ的運算及支援下，生產力更為快速，也讓人力被ＡＩ取代的隱憂更為強烈。但懂得駕馭新科技，用科技為實力增添優勢者，更能藉此成為人中龍鳳，前景無限。

破軍帶來的變動與破壞，同時也為社會大眾帶來改變及突破的力量，例如不再適合的合作關係、金錢關係、伴侶關係等，都將因破壞而得到重新再來過的機會，不必因破局而悲觀，反而要藉由破壞之力順勢再造新生，將能浴火重生，喜迎新局。

武曲化科：

武曲代表金融、投資、規則；化科代表專業、穩定、名氣。過去全球通膨問題，在此時會得到緩解，民眾將能對理財、存財更有感，在消費上也更能享受到金錢帶來的服務與價值。並且存股等相關研究，將更為廣泛討論，激起大眾對理財觀念重新了解的渴望，大眾對理財的意識也更為高漲，在錢的使用上將更重視ＣＰ值與報酬率，只要在此時也跟上理財潮流同步研究，人人都有望讓金流通財庫。

過去讓各國煩惱的詐騙問題，將在此時受惠於新法規條例的制度，使得金融、金錢詐騙的相關防治策略更為嚴謹，減少大眾因被誤導而破財或有金錢糾紛的機會。

而從事於武曲相關行業，例如貿易、商業、金融、創意、工藝類、運動等，將會出現更多專業人才，興起各領域的進修熱潮，使相關領域的水準更上一層樓，把握學習機會的朋友，可趁勢精進，使自己成為專家中的專家。

太陽化忌：

太陽代表國際相關事務、權貴、男性；化忌代表倒楣不順、悲觀、問題浮現。國際之間易出現嚴重關係破局、侵略、斷交，或國際間的不平等條款，不善談判的國家將因這些影響而趨於弱勢，這也使得以國際事務為主的產業必然受到強烈衝擊。

外交將成為重點，哪一國能掌握夠多籌碼及優勢，抬高自己的國際地位，與他國平起平坐，才能因互助互惠而不致受衝擊或攻擊。並且將有更多國家因國際情勢關係，成為紅色警戒地帶，因此有旅外計畫的朋友，更要謹慎行事與重新計議。而國際情勢的緊張，也將使得國際旅遊、代購、貿易等產業受到影響，也將間接影響運輸，使得國際物流產業受到波及。

而太陽代表權勢富貴，跟權勢有關的醜聞，將更容易成為輿論話題，例如選舉或公眾事務議題，尤其太陽代表位高權重的男性，將成為高度關注焦點，因此居於高位者，更應潔身自愛，以免人設遭踢爆崩壞。不論是否是公眾人物，都應謹守良善、慈悲及道德原則，讓社會之間充滿平和與寬容的氛圍，使社會風氣能越漸健康！

在二〇二四年，國際間帶來的動盪，將使眾人對戰爭、衝突感到恐慌，也將對寧靜生活更有渴望。國際間的衝擊，也使眾人反思和平的意義究竟是捍衛還是妥協，這樣的議題也會延伸到眾人的生活中，面對不公平的事，應挺身而出或默默承受？不論選擇主動突破改變，或選擇被動隨機應變，內心都將因外境的擾動而感到憂慮與無所適從。面對動盪外境，應更沉澱心靈，專注當下，如《金剛經》所說：「凡所有相，皆是虛妄。若見諸相非相，則見如來」，意即一切感官所看到、聽到、感受到的，都是表象而非實相，所感受到的一切，都是不存在的。不為外境紛擾所迷惑，反而藉外境帶來的紛擾，反思人生的意義，化煩惱為菩提，多行善、關愛家人、照顧好自我身心，把握當下，更能使你在亂局中保有智慧，洞悉一切，方能活出精采踏實有收穫的一年！

2024 甲辰龍年，九宮飛星開運布局

九宮飛星的基礎建立在九宮八卦和洛書的概念之上，它被認為是風水方位的基礎，且具有一定的科學依據。每年九顆星曜會根據特定的順序在九宮格中飛移，影響著吉凶禍福的轉變。因此，根據各星星的特性進行相應的風水布局，大至整棟建築、屋宅，小至個人房間、書桌，皆可以參考布局建議，增加吉星的能量，減少凶星的不良影響，從而提升運勢，營造良好的家居環境和個人運程。

九宮飛星的應用範圍非常廣泛。以下是各星曜的開運重點標示，可作為大方向參考，根據需要加強的運勢，提前進行相應的布局。特別是今年，東南方和西方的布局尤為重要。不論是家宅、店面還是辦公場所，都應該擺放相應的開運物品，以達到鎮宅化煞、趨吉避凶，招來富貴和好運。

2024年九宮飛星表

☆文昌（木） 西北（金） ★歲破方	☆左輔（土） 北（水）	☆武曲（金） 東北（土）
★廉貞（土） 西（金）	★祿存（木） 中（土）（中宮）	☆貪狼（水） 東（木）
☆右弼（火） 西南（土）	□破軍（金） 南（火）	★巨門（土） 東南（木） ★太歲方

☆吉星　★凶星　□吉凶互現

九宮飛星開運重點

開運重點	星曜	二〇二四布局方位
招財富	貪狼星	東方
旺事業	武曲星	東北方
添運勢	左輔星	北方
旺桃花	右弼星	西南方
增人緣	貪狼星	東方
	文昌星	西北方（歲破方）
求功名 開智慧	文昌星	西北方（歲破方）
避煞氣	巨門星	東南方（太歲方）
	祿存星	中宮
	廉貞星	西方
吉凶互現（偏財運）	破軍星	南方

一、貪狼星

星曜屬性：五行屬水

布局方位：東方

開運重點：財運、事業運、職場人緣

「貪狼星」的五行屬水，象徵權力和財富，與「武曲星」及「左輔星」並稱為三大財星。此星為具有開創力的吉星，有利於追求名利、獲得貴人相助，以及進行社交應酬。如果能夠適當地布置，可以幫助我們達成事業目標，提高在職場上的聲望，並實現財務上的願望！

開運五行能量：水行

貪狼星在今年飛臨東方，方位能量屬木，水生木，使吉星能量被洩，因此在風水布局上，可以運用蘊藏水行能量的風水寶物，來加強貪狼星的水行能量。透過擺放水行擺件，讓吉星威力更加提升，亦可適當運用招財神獸，放大生財效果。

開運寶物推薦：黑曜石貔貅、水行能量鹽燈、貔貅聚寶盆、山水畫作。

高山飛瀑風水畫

二、巨門星

星曜屬性：五行屬土

布局方位：東南方（今年太歲方）

開運重點：健康

巨門星掌管著疾病災厄，也被稱作「病符星」。現代人生活節奏快、內在壓力大，容易導致精神疾病的發生，如再加上巨門星的破壞力，對健康產生的負面影響就更加顯著。特別是對於家中有老弱婦孺或經常生病的人來說，更應謹慎防範。

開運五行能量：金行

巨門星的五行屬土，飛臨能量屬木的東南方，而此方為今年的太歲方，形成木剋土的格局，但凶星被直接剋制時威力反而更強。因此要改用金行擺件，以「土生金」來洩掉凶性，同時，也可削弱方位的剋制能量。

開運寶物推薦：銅雕神獸擺件、白水晶七星陣、白水晶燈、金屬製的吉祥塔。

元寶祥龍財進聚寶盆

三、祿存星

星曜屬性：五行屬木
布局方位：中宮
開運重點：人際關係

祿存星主掌官司、爭執和口舌紛爭，容易使人情緒起伏不定，產生突如其來的暴怒情緒，進而妨礙運勢的發展。尤其是家中有處於叛逆期的青少年或脾氣暴躁者，更容易受到此凶星的影響，應避免將床位設置在中宮。

開運五行能量：火行

五行屬木的祿存星，飛臨在方位能量屬土的中宮，形成木剋土的格局，凶性被方位能量所洩，降低祿存星帶來的負面影響。建議擺放火行擺件，形成木、火、土一路相生，而不相剋的能量迴圈，更能加倍地洩去凶星威力。

開運寶物推薦：鹽燈、紅瑪瑙擺件、粉晶七星陣、紅色煙供爐、紅色葫蘆。

富貴吉祥財庫鹽燈

四、文昌星

星曜屬性：五行屬木

布局方位：西北方（今年歲破方）

開運重點：智慧、功名、人際桃花

文昌星主掌智慧和功名利祿，對於創作、求學以及升遷有著極大的幫助，是考生、上班族、文字工作者非常重要的吉星。如果在此方位進行適當的風水布局，能夠促進事業發展和考試運，有助於獲得金榜題名，事業亨通，取得無往不利的成就。

開運五行能量：水行

五行屬木的文昌星，飛臨屬金的西北方，吉星能量被方位能量所剋，而今年此方又是歲破方，進一步削弱了吉星的威力。建議擺放水行能量的大型擺件，除了可強化吉星的木行能量，還能夠洩去此方位的金行能量，並大幅降低歲破方所帶來的影響。

開運寶物推薦：紫晶洞、紫水晶燈、文房四寶、紫水晶七星陣、海藍寶掛飾、青金石擺件。

紫晶洞

五、廉貞星

星曜屬性：五行屬土
布局方位：西方
開運重點：安康、制煞

「廉貞星」為九星中最強大的凶星，也被稱為「關煞星」，主掌著血光災禍、破財損傷，對運勢產生不利的影響。因此，如何抑制這顆凶星，一直是每年九宮飛星風水布局的關鍵所在。此方位不宜進行動土修造，以免引來不必要的災厄。

開運五行能量：金行

五行屬土的廉貞星，今年飛臨西方，此方位的金行能量可化解廉貞星的凶性，但廉貞星的凶性是最強大的，因此在風水布局上需要格外謹慎。建議在西方放置金行能量的風水寶物，以增強該方位的能量，或擺放刻有經咒的擺件，有助降低凶星威力。

開運寶物推薦：轉經輪、麒麟擺件、心經掛飾、葫蘆擺鎮、白色煙供爐、刻有六字真言的擺件。

招財黃財神轉經輪

六、武曲星

星曜屬性：五行屬金

布局方位：東北方

開運重點：事業運、正財運

「武曲星」為一大財星，主管權勢和進財，有利於從事變動性工作的人。它能激勵人積極進取，增添追求財富的動力，並創造更多經濟收益，這對於軍警、外勤人員、武術運動員和技術專業人員尤其有益。此方位應妥善布局，有助於獲得升遷或加薪機會。

開運五行能量：土行

五行屬金的武曲星，今年飛臨屬土行的東北方，形成土生金的有利格局，能夠生旺吉星的能量。因此，建議在此方位擺放土行擺件，來增強武曲星的能量磁場，進一步提升福氣和運勢，為你帶來更多的好運和繁榮。

開運寶物推薦：黃玉聚寶盆、黃玉貔貅、黃玉手鐲、元寶擺件、生肖石塑。

黃玉聚寶盆

七、破軍星

星曜屬性：五行屬金
布局方位：南方
開運重點：偏財運

「破軍星」具有吉凶互現的特性，主掌偏財運，對於娛樂、投資、博弈和偏門行業非常有利。但此星也同時具有大破大立的特點，可能引發官非、口舌紛爭和破財損失的風險，在布局方面要謹慎講究，以充分發揮偏財能量，同時避免不必要的風險。

開運五行能量：土行

五行屬金的破軍星，今年飛臨屬火的南方，火剋金，會削弱破軍星招偏財的威力，但直接壓制此星，可能會激發其凶性。在風水布局上，建議運用土行擺件，一方面洩去方位的火行能量，同時也強化破軍的金行能量，鞏固其帶來的偏財好運。

開運寶物推薦：銅雕聚寶盆、陶瓷擺件、蟾蜍擺件、蜜蠟琥珀樹、黃玉七星陣。

琥珀樹

八、左輔星

星曜屬性：五行屬土

布局方位：北方

開運重點：事業運、正財運

「左輔星」是九星中的第一大吉星，主掌升官、加薪、置產、添丁等喜慶等喜事，對事業和財運有正面影響。不論從事何種行業，若想成就事業和聚集財富，應適當地布局此方位，有助於升官發財、財福雙收。

開運五行能量：火行

五行屬土的左輔星，今年飛臨屬水的北方，土剋水，恰好洩去吉星的能量。建議擺放火行的風水擺件，運用火生土來加強吉星能量，同時也可以水剋火，洩去宮位的水行能量，以此來降低對吉星的影響。

開運寶物推薦：鹽燈、紅色畫作、紅瑪瑙燈、紅瑪瑙車掛、粉晶雕成的擺件。

旺福財水摩尼寶盆

九、右弼星

星曜屬性：五行屬火
布局方位：西南方
開運重點：感情、婚嫁、求子、人緣

「右弼星」為喜神之星，主掌喜慶婚嫁和人際關係，其影響力涵蓋婚嫁喜慶、子女運和貴人運等方面。如果正計劃懷孕，或是想求姻緣、廣增人脈的朋友，皆可針對此星飛臨的方位善加布局，讓右弼星發揮幸福的力量，為生活注入更多喜悅。

開運五行能量：木行

五行屬火的右弼星，今年飛臨屬土的西南方，火生土，使得吉星能量被削弱。建議可以運用木行能量的風水寶物，來增強右弼星的力量，同時也可以洩剋土行方位能量。

開運寶物推薦：黑檀木龍龜、東菱玉掛飾、木雕神獸、綠水晶柱、玉石製成的開運樹。

黑檀木龍龜

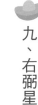

2

2024年十二生肖流年、流月運勢大解析

十二生肖流年總運——年度排行榜與化煞小提點

2024 十二生肖總運排行榜

第 1 名 雞	第 2 名 兔	第 3 名 猴
第 4 名 鼠	第 5 名 豬	第 6 名 羊
第 7 名 牛	第 8 名 蛇	第 9 名 馬
第 10 名 虎	第 11 名 龍	第 12 名 狗

龍年大吉！生肖雞朋友名列第一，開創新局富貴來！

各位親愛的朋友們，一年即將過去，轉眼間我們迎來充滿祥瑞之氣的龍年，在新的一年中，生肖運勢排名也重新排序，有哪些生肖準備嶄露頭角，迎接前途似錦的運程呢？又有哪些生肖朋友逢流年不利，運程不穩呢？在本章節會有詳盡的分析，讓大家率先一步掌握自身運勢。

首先恭喜前三名的生肖分別是屬「雞」、「兔」、「猴」的朋友們，雞朋友歷經歲破之年的挑戰與考驗後，如今喜迎「紫微」和「龍德」等吉星庇佑，運勢徹底大翻轉，正是大展身手的時刻！緊跟在後屬「兔」及屬「猴」的朋友們，也能在事業方面有亮眼表現，整體運勢持續上升，值得慶賀！

而未上榜和排名較後面的生肖朋友們，請不要氣餒喔！我每年持續撰寫開運大預言，就是希望能提醒大家提前布局，以降低凶星所帶來的衝擊；正所謂風雨生信心，在困境中，危機與機遇往往同時並存，只要參考我在書中提供的指引，便能抓住機會，做出正確的判斷，從而改變局勢，順利度過困難。

我衷心期盼這些命理知識的分享，能對大家有所助益，也祝福大家在新的一年中能獲得美好的成果，事業繁榮、財富滿盈、健康幸福！

雨揚老師開運小叮嚀

生肖龍、狗、牛、羊：安奉太歲，點燈祈福

一甲子是六十年，每一年皆有一位太歲星君輪值，掌管人間的吉凶禍福，構成了一個六十年的循環。二〇二四甲辰年將由「李誠」大將軍當值，若個人生肖與值年太歲相沖犯者，須於年初之際安奉太歲，以祈求身體安康、行事順遂。

甲辰龍年沖犯太歲的生肖分別為：「龍」坐犯太歲、「狗」正沖太歲、「牛」與「羊」偏沖太歲。上述提到的四個生肖朋友，在今年的流年運程可能會遇到較多的挑戰和波折。建議在農曆正月十五日前，參閱後方農民曆的吉日，前往廟宇安奉太歲，祈求全年平安順利。同時，記得隨身攜帶太歲符，並多點燈、布施、行善助人，有助於化解災難，轉危為安。到了年末時，更要在農曆十二月廿四日的早晨酬謝神明，感謝太歲星君一年來的庇佑和照顧，祝福大家都能平安順遂度過太歲年！

※ 近年盛行的線上安太歲和點燈服務，只要誠心祈請，效果與實際到廟宇祈福相同。

第4名

鼠

功成名就年

吉星：金輿、三臺、華蓋

凶星：官符、黃旛、披頭、五鬼、飛符、年符

鼠朋友們在甲辰龍年擺脫了去年的低迷運勢，迎來功名與財運的吉星入駐，更有三合助力加持，有利在事業上獲得口碑與聲望，成為大家景仰的對象；同時也帶動財富累積，很適合在今年整頓理財計劃。然而象徵官非、小人的凶星也在旁環伺，遇事記得多以和為貴，切勿逞口舌之快，即可有化險為夷的好運！

事業好運指數★★★★

今年因有事業吉星照耀，且自身才華也有發揮的舞台，建議鼠朋友可主動出擊，在爭取升遷上多做努力、積極爭取，創造比過往更亮眼的成績；而前一年的未逮之事，也應重整旗鼓，甚至設立更高的目標，皆有望取得亮眼成就；但當心五鬼小人來犯，在爭取的過程中，應以退為進、行事謹慎，勿引發官司訴訟。

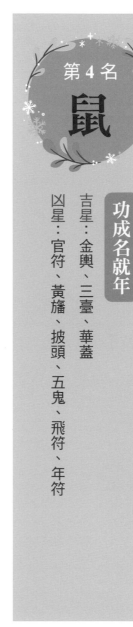

財運好運指數★★★★

鼠朋友們今年的財運運程，與事業、功名的表現密切相關；無論是升職後大幅增加的薪水，或是工作表現亮眼而得的獎金，甚至是個人成就創下紀錄而得到的財富或獎勵，有形的財富收穫頗豐；從中建立的人脈資產，也令人刮目相看。提醒您今年求財不可貪，穩住步伐，好好調整理財步調，並留心詐騙投資訊息，累積財富將不是難事。

愛情好運指數★★★★

即便沒有紅鸞星陪伴，鼠朋友在三合的助力下，感情之路如意順心，擁有不少好機緣！已有伴侶的鼠朋友，感情發展順利圓滿，好好經營就能開花結果，可以趁著今年多多創造兩人的美好回憶，打好感情基礎。單身的朋友，會因為亮眼的事業成就而受到異性的青睞，會有一段美好的戀情為您錦上添花。

功名好運指數★★★★

遇「三臺」吉星照耀，鼠朋友今年頗有身居重職的好機遇，如果有升學考試、面試、證照考試、升遷考核等等，只要好好用心準備，優點和獨特性都能完美展現，即使遇上刁鑽的面試官，都會給予您正面評價。家中有生肖鼠的考生，家長請多加留意孩子的交友狀況，若能站在支持者的角度給予鼓勵和後援、充分備戰，就能穩操勝算。

健康好運指數★★★

即使有力道強大的吉星，今年也有不少凶星入駐，健康狀況因此亮起紅燈；請記得在聲勢如日中天時，保留點時間給自己，在家中更要友善對待家人，成就與榮耀才能長久相隨。在追逐名利的過程，也可能產生心理壓力，請多接觸德高望重的長輩，或親和、正直的朋友，可於談話間頓然開悟，並學會轉換念頭，適當釋放壓力，最後都會有好結果。

化煞小提點

受到五鬼星影響，容易遭遇小人暗害等麻煩，尤其職場上、社交圈易遇到虛情假意的人，上演人前好朋友、背後下毒手的狀況，使你分不清潛在危機到底在哪，導致精神緊繃，時刻焦慮。除了要多留意言行舉止外，建議可多佩戴黑曜石飾品，如項鍊、手鍊，能化解小人是非能量，讓你隨時都能處變不驚，安心又如意。

第7名 牛

穩健前行年

吉星：太陰
凶星：羊刃、天煞、歲煞、貫索、勾神、卒暴

今年雖有吉星「太陰」守護，但逢「貫索」等多顆凶星來犯，會常有事事無法大展身手、備受束縛之感，在工作與生活上也容易陷入被動、進退兩難的困境。在面對合夥或合作關係時，切記務必謹慎小心，再三審視合約上的內容，以免讓自己的權益受損。此外，也需要適當釋放壓力，培養處變不驚的態度以面對難關。

事業好運指數★★★★

牛朋友今年事業運勢逐漸好轉，特別是「太陰」星有利女性，女性朋友在職場和家庭都能重新掌權，也很適合多接觸與女性相關的產業。即使仍會遇到能力無法施展，或需耗力調度資源等狀況，但只需要沉穩面對即可平順度過。提醒在工作細節上，則需要加倍謹慎小心，以防陰溝裡翻船或是犯下初階錯誤，影響原本的工作好運。

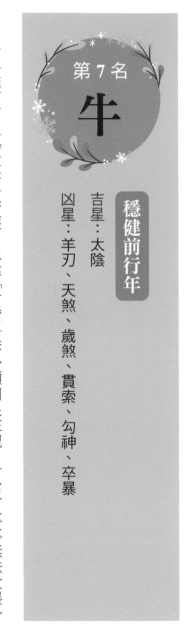

財運好運指數★★★

「太陰」即是一顆財富之星，寓意著今年財富可積聚，雖然不會有突如其來的大筆財富入袋，但是收入穩定可期，只要量入為出，可說是持盈保泰，生活無後顧之憂。因此也很建議在今年好好盤點名下財產與財富，以及檢視目前的投資是否值得繼續，只要避開高風險的投資目標，將會有一定的收益入帳。

愛情好運指數★★★

有伴侶的牛朋友，感情發展已經從熱戀期到了穩定期，是感情加溫的最好時機，可以花點心思為彼此多創造一點驚喜或回憶，多付出一點心力經營，兩人才有機會開花結果；但正如月有陰晴圓缺，要小心情感上過於多愁善感，反倒影響兩人互動。還是單身的牛朋友，如果積極追求的對象總是沒有結果，不如靜下心來等待緣分，只要保持正向的態度，多投資與愛護自己，愛情定會來臨！

功名好運指數★★★

今年在功名運程上，較有利文科、設計、藝術等方面的考照，雖有「貫索」凶星影響，令人難以專注心神，但只要能訂立學習計畫，亦步亦趨，就算成果不如預期，也能讓人在過程中累積資糧，對於未來的職涯發展，無論是加薪晉升，甚至是轉換跑道，都很有幫助。也可多請教女性師長或前輩，能在求學之路上獲得寶貴的提攜。

健康好運指數★★

牛朋友在諸多凶星環繞之下，心理壓力較大，壓力來源除了來自工作，也可能來自家庭，兩方都讓人勞心費神，想處理得盡善盡美的你，可能因此有疲於奔命的感受，記得別過度要求完美，應適當的調適壓力、放鬆心情，否則反而會影響身體健康。此外，在「羊刃」星的影響下，也要留意意外血光，出行在外都要謹慎小心，安全為要。

化煞小提點

需特別注意「貫索」星帶來的牽絆感與束縛感，容易在人際關係上、工作進度上拖泥帶水，例如想換工作卻無法順利離職、一段關係想重新開始調適，卻難以改變現狀等。建議可多運動如爬山、快走，能活絡動力外，也可多配戴紅繩，紅繩的火行能量有助動力提升、有利突破僵局，重新燃起活力開創新局。

第10名 虎

韜光養晦年

吉星：無
凶星：喪門、地喪、天哭、豹尾、月煞

虎朋友今年凶星環伺，且缺乏吉星守護，行事必須萬分謹慎，來自各方的諸多困難及挑戰，可能導致生活失去平衡；工作上要留心出現重大疏失，也要多關懷家人健康和心理健康狀況。在這一年裡，面對層出不窮的困境，記得提醒自己以正向思維看待，即使各項難題橫亙眼前，也不要洩氣，必能從中得到寶貴的經驗。

事業好運指數★★

虎朋友們在今年事業上要面對重重困難與各種新考驗，除了需要挑戰新任務，面對過去有十足把握的項目，也可能發生錯漏，得花心思收拾善後，使人蠟燭兩頭燒等事。建議應適度放鬆心態，坦然面對錯誤，重新打好基本功，調整工作習慣，檢視過去忽略之處，在錯誤中記取教訓，從頭學習，對未來的事業發展也會帶來很大的助益。

財運好運指數★★★

今年雖然並非事事順心如意，不過財運運勢相較之下算是好的，即便工作多有挑戰，但既有的收入不會受到波及，只是額外的獎金或是偏財收入不如預期。生活上可能會面臨突發事故，需要動用到大筆存款，建議日常消費不要鋪張浪費，購物前再三考慮，採取保守的理財策略，就可在今年守住積蓄，讓自己的財庫小有成長。

愛情好運指數★★

受到整體運勢的影響，虎朋友們今年的愛情路也稍微坎坷，有伴侶的人即將邁入感情平淡期，或兩人總是爭執不休，有感情生變的可能。單身的朋友還得持續單身一陣子了，有可能會被心儀對象斷然拒絕，這時請不要氣餒灰心，不如好好享受一個人自由自在的時光，把自己打理好，展現自信迷人的氣場，相信下一段戀情很快便會到來。

功名好運指數★★★

今年可以嘗試努力增加自己的專業能力。舉凡證照考試、課程或是轉換單位的晉升考核，只要有機會替目前的工作加分，都可以積極爭取。雖然準備過程需要花費不少心力，偶有身心負擔過大的煎熬，只要安排妥當，保留適當的休息、舒壓時間，還是有很大的機會能夠順利過關。正在求學階段的朋友們，請拋下一蹴可幾的念頭，唯有踏實進取，才是成功之路。

健康好運指數★

因有「喪門」這顆主災禍與晦氣的凶星進駐，今年會有較多的傷病，平日外出，無論走路或是開車，都要格外小心，也務必要讓自己有充足的睡眠和均衡的營養，增加免疫力減少生病的機會。另外，也要格外注意家中長者的健康狀態，任何小症狀都不能輕忽。可以的話盡量減少出入醫院、喪家，保持正向心態，多少能減緩凶星帶來的衝擊。

化煞小提點

受到「喪門」星的擾動，容易經歷遺憾、倒楣、不順利、灰心喪志等事，成功雖近在咫尺，卻差臨門一腳，例如原本合作愉快卻突然破局、投資勝券在握卻不慎虧空，使你頻頻扼腕。建議萬事都要先規劃再行動，日常可多唸心經，或在辦公桌上擺放心經擺陣，使你關鍵時刻都能做出正確判斷、安然過關，迎接最終勝利。

第2名 兔

發光發熱年

吉星：太陽、攀鞍
凶星：陰殺、天空、晦氣

兔朋友去年度過了辛苦的本命太歲年，今年運程總算一躍而起！喜迎在各方面皆帶來好能量的「太陽」星，無論事業或愛情都能順風順水。同時也催旺財運運勢，正財收入滿載而歸，只要理財得宜，便能荷包滿滿。若能腳踏實地、謙遜積極，相信兔朋友今年定是心想事成之年！

事業好運指數★★★★

今年是在職場上大放異彩的一年，本來能力就不差的兔朋友，有機會獲得更好的舞台，甚至能獲得出國發展、異地外派的好機緣。即便不異動也能備受長官賞識，委以重任替公司開疆闢土；只要拿出十足的自信，勇往直前，都能創造出好成績。也可積極爭取想挑戰的任務或職位，不只能為自己的事業留下輝煌的成就，職涯經驗也會更上層樓。

財運好運指數★★★★

兔朋友們正財收入穩定豐厚，尤其是男性朋友們，加薪或是獎金福利，甚至是透過轉職取得高薪，都是可以期待的。除此之外，還有來自各方的豐厚收入，不論是斜槓經營副業，或是獎金酬勞，甚至隨手買張彩券，都能有不錯的進帳。要提醒過去一直沒有理財習慣的兔朋友們，好好把握今年的好運勢，開始認真學習理財，即可讓財富生生不息。

愛情好運指數★★★★

好運勢當頭的兔朋友，今年的感情生活也很美好。單身的兔朋友可望出現正直且聲望佳的對象，且有機會有情人終成眷屬；有伴侶的人，無論是處在熱戀期或穩定交往中，感情生活日益甜蜜，有望更進一步邁向婚姻；已婚的兔朋友，生活美滿幸福，家庭將成為你最美好堅實的後盾。別忘了，適時向對方表達感謝，能讓彼此的感情更穩固。

功名好運指數★★★★

想要在今年另謀高就、爭取升遷或是通過考試，請擬定計畫，開始行動！在「攀鞍」吉星的輔佐下，你只需要做好萬全的準備，不好高鶩遠，一切就能如你所願。沒有特別計畫的人，也建議多留意職場的晉升或是出國深造進修的機會，會發現適合你的機運。今年若能積極主動，即可得貴人提攜，累積見識和人脈，有助拓展未來職涯的眼界與格局。

健康好運指數★★★★

今年運勢旺盛，連帶著健康狀態、氣色和精神都非常好。無論是運動或是其他養生方法，一定都要繼續保持，切勿因為忙碌而疏忽、懶怠。同時也不建議安排過多的應酬、聚會，建議要找時間讓自己放鬆、調節壓力，把心中有疑慮、困擾的事情好好處理，以免日積月累演變成更複雜的難題，徒增身心負擔。

化煞小提點

受「天空」星的影響，代表今年想像力特別豐富，導致有天馬行空、好高騖遠的狀況產生，容易將事情理想化，或野心過大，導致錯估形勢造成遺憾結局。建議行事腳踏實地，勿抄捷徑，日常可多配戴紅瑪瑙飾品，或點一盞紅瑪瑙桌燈，能為你帶來澄澈心靈、穩定心緒的能量，使你一步一腳印，財路更穩定。

第11名 龍

迎難而上年

吉星：華蓋

凶星：呑陷、劍鋒、太歲、黃旛、伏尸

今年是龍朋友們的太歲年，還伴隨著「劍鋒」、「黃旛」等凶星，導致整體運勢不佳，日常生活中容易心神不寧，還可能遭遇橫禍或傷損之事。幸而在職場上，自身能力與才華受到青睞，能獲得不少肯定，正所謂潛龍在淵、靜待來日，今年請龍朋友務必以不急躁的態度面對大小事，便可平安度過，逢凶化吉。

事業好運指數★★★

今年受太歲震盪，諸多凶星也會帶來不少衝擊，但「華蓋」星預示龍朋友在創意、宗教、利益眾生的事業上將有所發展，應多往此方向著手，只要拿出自信，善用過往累積的經驗，小心判斷、謹慎行事，遇到有疑問之處，謙虛一點多向前輩請教，並和同事打好人際關係，多半都可順利度過難關。但即使獲得成就，也千萬別驕傲炫耀，才能在職場持續累積聲望。

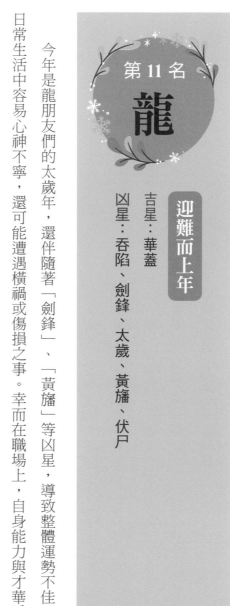

財運好運指數★★

在整體運勢不佳的狀態下，財運運程也受到牽連，儘管固定的薪水收入不會大幅縮水，但會有許多不得已的開銷產生，讓人有點吃不消。這些支出大多是花費在治療身體病痛、罰款破財等事；不如換個角度想想，花了這些錢，換來了自己或家人的健康，問題得到解決，也是好事一樁，只要在其他方面更加量入為出即可。

愛情好運指數★

今年單身的龍朋友心思多半放在工作上，並無餘力去談感情，正緣桃花也少。有伴的龍朋友，感情則是波折不斷，加上今年承受著來自各方的壓力，兩人之間無端橫生枝節，加深了力不從心的挫折感，需要同心協力才能跨越。其實感情最怕自視甚高，或是單方面的溝通，應和對方一起冷靜下來，敞開心房好好交談，才是維繫感情的最佳解方。

功名好運指數★★

龍朋友請在今年好好施展你的才能，並且廣結善緣，讓你的才華被看見。如果是在創作領域耕耘的人，請不要藏拙，否則太歲年的各種阻礙會擋住你發光發熱的可能，一旦有任何曝光的機會，無論是晉升或是競賽，都要積極參與，即便結果可能不如預期，至少也替自己爭取到了一次的露面機會，這同時也會是累積經驗與人脈的大好機會。

健康好運指數★★

龍朋友在今年要多留意身心健康。務必要保持正常作息，以免因為太過勞累而讓免疫力低下，導致惡疾纏身。生活中也要小心使用尖刀利器，避免因此受傷。心理層面，壓力日漸增大，多半來自工作與家庭、人際方面，讓你疲於奔命，慢慢的累積過多憂慮，甚至偶有恍惚。應保持正常作息，適時休息，這些壓力都能慢慢釋放。

化煞小提點

所謂太歲當頭坐，今年將面臨一舉一動皆被放大檢視的壓力，也特別容易遇到職場是非、感情糾紛、投資失利等狀況，焦慮情緒成為常態，更容易造成判斷失常、一錯再錯的窘境。建議除行事低調外，也可在農曆年前先行安太歲，供養太歲符保平安，也可常去廟裏捐香供燈，用佈施功德嘉惠整年好運，使你太歲年好運不打烊，依舊前途不可限量。

第8名

蛇

蓄勢待發年

吉星：陌越、天喜、天解

凶星：囚獄、天殺、寡宿、歲殺、病符、紅艷

蛇朋友今年有代表事業與貴人的吉星「天解」來助，以及愛情喜事的第一吉星「天喜」星，但也有不少凶星入駐，整體運勢憂喜參半。請持續保持正向思考、謙虛謹慎，並適時求助貴人，都可平順度過。今年還需要特別留意身體狀況，別過度操勞，以免健康亮紅燈，進而影響工作與生活。

事業好運指數★★★

在帶有逢凶化吉的「天解」與「天喜」兩顆吉星的守護之下，事業即便有不少變動，偶有困頓，但仍有很大的舞台可以發揮。人際和諧也是今年事業再創高峰的關鍵，因此，在今年尤其要打好人際關係，才能順利獲得貴人們的提攜和寶貴的人脈資源，在遇到困難或阻礙的時候，方可借力使力，讓你的表現更上層樓，進而獲得獎賞或拔擢！

財運好運指數★★★

隨著事業運勢看漲，也一併帶動了與事業有關的金錢進帳，包括薪水增加、業績獎金或額外分紅，都是可以期待的。不過，這些增加的收入並非固定收入，很有可能隨時會有變動，因此在儲蓄或花費的比例上，還是要拿捏分寸，量入為出，避免衝動消費，便可持續累積財富。此外也要多留心交友詐騙、網路詐騙等事，注意別因此虧損錢財。

愛情好運指數★★★★

在愛情運程上，蛇朋友今年有著大好的感情吉星守護，可說是春風滿面；單身的蛇朋友桃花朵朵開，有機會遇到真心相待的對象，甚至成為人生的絕佳伴侶；有伴侶及已婚的蛇朋友，感情狀況還算穩固，但凶星也產生一些阻力，與異性的相處上要拿捏分寸，避免造成誤會，也應多珍惜另一半的優點，彼此會更相知相惜。

功名好運指數★★★

雖然今年運勢有好有壞，但還是建議蛇朋友不放棄努力爭取晉升機會，只要肯付出，加上過去累積的成就，以及今年的貴人加持力度，獲得拔擢或加薪的機會很大。有進修規劃的人，今年也是個不錯的闖關時機，無論是國外進修，或是職場轉換跑道的考核，過關都不是大問題。

健康好運指數★

今年有影響健康的「病符」星來犯，健康運勢不佳，如果平常的生活作息不正常，總是熬夜、過勞，飲食無所顧忌的話，可能會有舊疾復發或受病痛困擾。如果身體出現不適，請在患病初期就積極接受治療，即使是小感冒也不要輕忽。應趁今年改掉對健康有負面影響的壞習慣，調整作息及飲食習慣，盡量減少應酬，自可無憂。

化煞小提點

受到「病符」星干擾，抵抗力偏弱，應盡量避免前往喪葬場合，建議日常多注重飲食營養攝取，遠離壓力源，並可多配戴與藥師佛身色相應的青金石念珠，能滋養身心，驅除身心的負能量，讓你重拾健康與財福。

第9名

馬

事業打拚年

吉星：解神、天解、八座
凶星：寡宿、浮沉、月殺、弔客、豹尾、天狗

馬朋友們今年雖有諸多吉星入駐，但同時也有讓災星效果加倍的「浮沉」星，加上會帶來損耗缺陷之影響的「天狗」星，整體運勢較為低迷。但工作成就可以期待，因有「八座」吉星守護，能展現領導才能與升遷機會；而感情和財運方面，則會有讓人憂慮的大小事發生，不過只要以良善的心面對，就能逢凶化吉。

事業好運指數★★★★

在事業吉星「八座」的守護下，你將成為長官眼中的頭號戰將，不只有發揮能力的舞台，還有機會接下新挑戰，甚至擁有得力團隊。雖然工作難免遇到一些麻煩，不過透過所有人的齊心努力都能順利解決，一起跨越關卡。對較有經驗且有領導身分的馬朋友們來說，每一項工作，無論大小細節，都需要步步為營，謹慎評估後再執行，方能順利避免各種失誤。

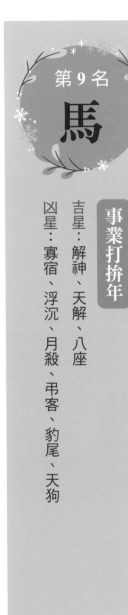

財運好運指數★★★

財運運程雖然持平穩定，但仍受到凶星的影響，可能會有錢財被竊、工作上或公司經營上面臨財務虧空的危機，也有可能突然發生大筆金額的支出，讓才剛進帳的金錢轉身又溜走。不過只要節制花費，借錢給他人時，多幾分考慮，即可守住積蓄。會經手帳目的馬朋友，每筆帳款務必仔細核對，事先把關就能預防更大的失誤或疏漏，今年的財運便可更平順。

愛情好運指數★★

今年有「寡宿」這顆愛情凶星入駐，會大大影響馬朋友的異性緣與姻緣運勢。單身的朋友，今年戀情落空機會大，不如轉而關注自己、充實自我，期待來年的好緣分。身邊有伴侶的朋友，感情將轉為平淡或發生爭執波折，多少會磨損彼此間的信任，不過只要兩人願意同心，一起面對眼前的阻礙，將來還是很有機會成為彼此的人生伴侶。

功名好運指數★★★

雖然整體運勢不佳，但仍有貴人星「天解」的幫助，因此在求取功名的路上，依舊有不錯的成績，尤其是晉升考核或進修試驗，都有機會金榜題名。不過仍需要持續努力，畢竟難免有心神渙散、飄忽動搖的時候，可適度的舒緩壓力。若暫無晉升的機會，不如把握運勢，透過上課或向前輩請益，補強自己的專業能力，增進語文實力也是很好的選擇。

健康好運指數★★

在不少凶星的交互作用下，馬朋友請多留心意外血光，或因為接觸器械操作而受傷，戶外活動也請選擇安全性較高的行程，少參與具有高危險性的探險或極限運動，或是以刺激為賣點的活動。由於「天狗」這顆凶星帶來的影響，喜愛冒險的馬朋友記得以安全為第一，切勿過分逞強，若覺得靜態運動乏味枯燥，不如利用今年好好鍛鍊體能，為來年的挑戰做準備！

化煞小提點

「天狗」煞星來犯，人際往來上易遇到詐騙、糾紛，例如合作後發現被跳票、合夥被勸說加碼，最後血本無歸等，讓你白忙一場又求助無門，可更能因此背負官司。建議合作都需簽訂合約，減少合資機會，並可多配戴有金剛杵的飾品、念珠等，有助降伏惡念，讓災障小人不近身，安穩守住財富與幸福。

第6名 羊

福氣滿盈年

吉星：福德、福星、天德、攀鞍
凶星：飛刃、陰殺、卷舌、披頭、寡宿

羊朋友們今年福星高照！有五行最福之神「天德」星，還有增強貴人運勢的「福德」星加分，整體運勢提升之外，事業上也能有一番成就，可望獲得上司的拔擢。家庭與愛情部分，則略有不順遂之感，恐有口舌之爭，或情緣漸淡的感受。面對憂喜參半的一年，保持穩定心境，冷靜、正向應對即可。

事業好運指數★★★★

有了象徵貴人的「福星」入駐，羊朋友今年在事業上，可謂喜從天降。擔任基層工作者的羊朋友，將受到上司矚目而獲得獎賞；已是小主管的羊朋友，若有轉調異地的工作機緣，建議勇於接受挑戰，將有機會闖出自己的一片江山。即使過程一定會遭遇困難，但也都能在貴人的幫助下順利過關斬將，此外，只要再多留心避免口舌之爭，今年的事業成就可期。

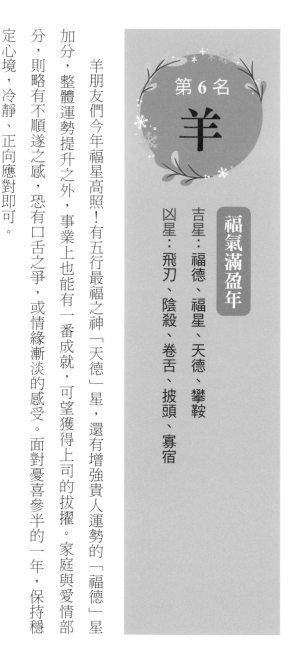

太歲甲辰年

財運好運指數★★★★

在吉星的守護下，財運運程恰如鴻運當頭的事業與功名一樣旺。正財收入因為職場的亮眼表現而有相對的成長，加薪或豐厚的獎金必少不了！也因為名聲響亮，意外開創了許多額外的賺錢機會。偏財運將會比往年好很多，但切記不能太沉迷彩券或投機的賺錢方式，以免得不償失。平日只要不過度消費，今年就可以順利累積不少的財富。

愛情好運指數★★★

愛情凶星「寡宿」入駐，會讓羊朋友們在感情路上遇到不少難關。單身的羊朋友們可能依舊緣分未到、追求因緣未果，或是完全沒有心儀對象出現，維持獨身一人的狀態；有伴的人，無論是否步入婚姻，或是過去感情有多甜蜜，今年兩人之間將會有較多的口角齟齬，若想維繫感情，就要冷靜下來耐心溝通，否則這段感情將會較難挽回。

功名好運指數★★★★

今年有「攀鞍」這顆對功名大有助益的吉星陪伴，可以積極爭取想要的職位或是學位。如果想透過轉調單位或轉職以求更好的發展，盡可以積極探詢。過程中，也將會遇到許多貴人現身相助，只要抱持著謙虛受教的心，就能獲得最好的資源挹注，幫助你順利晉升或達成目標。如果有到外地或國外學習的機會，也可以勇敢去闖蕩。

健康好運指數★★

得諸多福星照拂，健康運勢方面平順，只需要多加小心血光意外即可。血光意外小至日常使用的文具、刀具、料理時不小心造成的傷口，大至駕車出遊或是操作器械產生的重大意外都有可能發生，所幸傷害都不會太嚴重，但還是務必謹慎。其實只要維持作息正常，精神飽滿、注意力集中，就是避免受傷的最好方法。

化煞小提點

受「卷舌」星影響，將易有失言狀況，例如隨意評論他人而惹上官司，或言辭過於犀利，以至家庭或人際關係失和。建議少評論，多內省，可多唸能清淨身口意的六字真言，或多配戴有六字真言的飾品，能使你智慧通明，說出具智慧與信服力的話語，更有助你人際關係得力。

第3名

猴

嶄露頭角年

吉星：華蓋

凶星：飛廉、大殺、白虎、黃旛

猴朋友今年的整體運勢，延續了去年的好彩頭，更在「三合」助力的加持下，事業及人際關係表現亮眼，尤其今年有「華蓋」吉星陪伴，能夠盡情施展才華，並獲得讓人羨慕的成就與聲望。功名運勢也不輸去年，有許多晉升空間。愛情方面，雖然女性的主導性偏強，但依舊順利甜美。

事業好運指數★★★★★

在創意與藝術領域工作的猴朋友們，今年就是你發光發亮的一年！可以拿出所有自信，盡情展現你的才華與創意，將會受到各界的肯定與關注，替你的職涯創造新的高峰。所處產業並非創意領域的朋友也別擔心，你在處理工作時的善巧與專業，減少了許多合作上的摩擦，這項能力依然是最讓人欣羨的，不退縮怕事，今年你就是職場上最風光的人！

財運好運指數★★★★

雖然今年缺乏財運吉星入駐，但在整體運勢不錯的情形下，財運運程也一起被帶動了起來。正財收入穩定豐厚，偶爾也會有偏財好運，讓你喜獲額外收入。今年可趁著好運勢思考置產的可能，讓財富成為可以增值的物件，繼續以錢滾錢。此外，平常只需要量入為出，同時小心詐騙，避免損失大筆金錢，今年一定可以荷包滿滿。

愛情好運指數★★★★

猴朋友今年在兩性關係上，面臨了女強男弱的狀況，無論過去相處模式為何，今年女方會顯得較為強勢一些，不過只要兩人順暢溝通，不干涉對方過多，也不是一件壞事，感情生活依舊能甜蜜美滿。還沒有伴侶的人，如果遇見了理想型，請不要猶豫、主動追求，即使是女追男，對方也會被你深深打動，與你攜手共譜戀曲。

功名好運指數★★★★

由於今年猴朋友們的才華與能力受到矚目，因此許多升遷與晉升機會很可能主動浮現，來自公司的、挖角的邀約不斷，可以多多評估比較，不必急著做決定，若有其他想試試看的機會，也可化被動為主動，積極爭取，成功的機會非常大，更可以成為下一個職涯發展階段的跳板。想轉職或是想更上一層樓的猴朋友，務必把握今年的運勢。

健康好運指數★★★

猴朋友們今年身體一切安好，只需要多留意避免血光意外，外出時保持警覺，切忌分心張望或低頭滑手機，遵守交通號誌，以免與人車發生擦撞；在家時當心刀叉、剪刀、尖銳物品的使用，在溼滑的浴室裡慎防跌倒。只要叮嚀自己凡事專心、小心，時時刻刻保持謹慎，如此便能防微杜漸，減少許多意外發生，平安度過。

化煞小提點

受「白虎」星的衝擊，代表人身安全、血光意外方面需慎防不測，例如出外旅遊遭遇不肖份子覬覦，輕則財損，重則人身不平安，或遭遇重大安全事故等，建議萬事謹慎低調，不宜患難冒險，並可勤做煙供，或常點環香禮敬諸天仙佛，用虔誠發心供養，讓各路護法財神守護你明處暗處都有貴人照應，保你財福均安。

第1名 雞

一鳴驚人年

吉星：紫微、龍德、地解
凶星：天厄、歲殺、天殺、暴敗

在「紫微」和「龍德」這兩顆超級吉星的加持下，雞朋友在今年不只能心想事成，還能壓制部分凶星帶來的影響，運勢排名來到第一！加上「六合」的力道，更增添不少好運，職場上將會屢建戰功，即使開創新事業也能在初期就打響名號。感情、家庭與健康，都將處在最好的狀態，只要不過度勞累，保持健康生活習慣，今年即可一鳴驚人。

事業好運指數★★★★★

今年雞朋友們的工作運勢，雖然有「暴敗」這顆凶星進駐，會突然帶來重大考驗，但在貴人吉星的加持下，有來自各方的朋友、長輩提供需要的幫助，除了讓你成功解決問題之外，還能有超乎眾人預期的好表現。如果是身為老闆的朋友，今年將在市場上聲名大噪，獲得許多合作機會，但別忘了享受成功好運之餘，處理合約時依舊要謹慎小心。

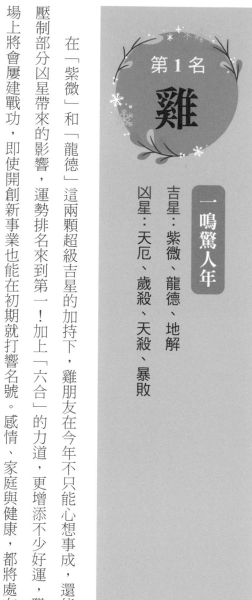

財運好運指數★★★★★

有吉星高照的今年，財運運勢當然也會有如財神就在你身邊一般，雖然不至於日進斗金，但加薪、豐厚獎金等都能有份，就算只是一時興起購入的彩券，也可能有不錯的進帳，手氣好得讓人羨慕。也有機會與實力雄厚的夥伴合作，拓展業務、創造進財機會；但由於仍有凶星環伺，別忘了仍要謹慎理財，各種高風險的投資或合作，均要慎思考量與評估。

愛情好運指數★★★★★

今年在各方面都有著好運勢的雞朋友，個人的精氣神充足，身心都處在最好的狀態，相對的也能帶動人際關係與戀情的運勢。單身的雞朋友，有機會吸引異性的注意，而遇到等待已久的理想情人；已有伴侶的朋友，有屬於自己的戀愛計畫，也有很強的動力主動為戀情加溫，不論是安排旅行或是贈送禮物，發自內心的情意，都讓另一半倍感尊寵。

功名好運指數★★★★

雖有貴人相助，但在晉升求職或是進修求學路上，如果懶散懈怠，只想憑運氣取勝，很有可能從黑馬之姿成為落馬之人，得到差強人意的結果。好運氣還是要加上自身的努力，如此一來，無論是狀元還是探花，對你來說猶如探囊取物。有深造計畫或是升遷打算的雞朋友，趁著今年的好運勢，做好全盤規劃，定下目標後就勇往直前，相信你的期待不會落空。

健康好運指數★★★★

即使今年健康運勢大好，雞朋友們仍要注重最基本的健康保健，作息與營養缺一不可；若仰仗著良好的健康運勢，就過度勞累或放縱，反而很有可能導致舊疾復發，或讓原本的小毛病惡化。提醒雞朋友要用謹慎嚴肅的態度看待自身健康，只要多多留意身體警訊、維持均衡的飲食習慣，並定期接受健康檢查，自然能保有活力滿分的身體。

化煞小提點

「暴敗」星前來搗亂，代表計畫趕不上變化，易遭遇佈局被搗亂的麻煩。例如已決策的事，在關鍵時刻遭駁回；已談定的買賣遭到干預而最終流局，力挽狂瀾也無用。建議凡事都先佈局最壞打算，並寬心以對，亦可多唸蓮師心咒、禮敬蓮師等，與蓮師相應能助心想事成、奇蹟再臨，能嘉惠你事事都有船到橋頭自然直的好運。

第12名 狗

養精蓄銳年

吉星：月空

凶星：闌干、破碎、豹尾、月殺、歲破、大耗

狗朋友們今年將面對運勢低谷，逢「歲破」之年，運程出現不少動盪，「破碎」星則會讓人際關係離散不聚，加上受六沖的影響，凶星的力道會被加強，各方面都有嚴峻的考驗在等著你。記得保有健康正向的心態，在低潮時，也不忘要給自己多一點鼓勵，保持健康正向的心態，才能逢凶化吉！

事業好運指數★★★

今年在狗朋友的五大運運勢當中，事業運程相較起來有較多的好消息。但是仍有多顆凶星入駐，還是要保持盡力拚搏的心態與意志，以積極的態度面對各項關卡，尤其是職場裡複雜的人際關係，對於工作的成績有決定性的影響，切記凡事要以和為貴，避免意氣用事，無論是貴人還是小人，都要小心應對，才能減少誤會糾葛。

財運好運指數★

狗朋友今年的財運運勢有「大耗」凶星侵擾，求財之路艱辛，會有各種事件導致金錢耗損，小至遺失錢包或貴重物品，大到敗光存款都有可能。在這顆凶星的影響下，可能會讓人失去賺錢動力，也會加速金錢消耗的速度。這段期間，切記不要與人有大筆金錢上的往來與合作，得打起精神，比過去更加勤儉守住財物，才有利度過財運不佳的此年。

愛情好運指數★★

人際關係運勢差，自然也會反映在戀情上。有伴侶的狗朋友，和對方聚少離多，或是即使天天相處仍舊覺得同床異夢，幾乎無法溝通，兩人之間甚至有考慮分手的跡象，務必謹慎應對，以免錯過一段好姻緣。此外，單身的狗朋友，受到凶星的影響，要開啟一段新戀情並不容易，不如換個角度，不徒勞追求，花點心力把自己打理得更好吧！

功名好運指數★★

狗朋友今年要做好「即使努力也不一定會有好結果」的準備。雖然有許多晉升或深造的好機會近在眼前，但是有資格競逐的選擇不多，也缺乏對你有利的條件，又有許多現實的考量讓你猶豫不決，阻礙重重。不過，這並不代表你要放棄爭取，建議還是積極地參與，就算結果不如預期，至少可以從中累積經驗，為下一次機會做準備。

健康好運指數★

諸事不宜的今年，狗朋友可能還得面對家事紛擾而帶來的壓力，家人或親戚在今年可能會罹患疾病，照顧的壓力與往返醫院的奔波，都讓你身心俱疲，因此也讓你忽略照顧自己，讓健康亮起紅燈。請記得抒發心情、尋求後援，讓自己有時間喘息，盡力維持健康作息，不熬夜，為了來年的好運勢，今年可不能把身體搞壞了。

化煞小提點

狗兒今年沖犯太歲，易遭遇功敗垂成、人際失和的狀況，例如與家人之間的矛盾劇增，相處困難，或與合作對象常雞同鴨講，以致合作破局，讓你感到灰心喪氣。建議可多在月色下散步，尤其月圓時，借月光的柔和圓滿之氣，帶給你圓滿和諧的祝福，也可多配戴月光石飾品，讓你因柔軟溫和而百事好合。

第5名 豬

幸福洋溢年

吉星：紅鸞、月德、板鞍
凶星：陰殺、死符、小耗

對豬朋友們來說，因「紅鸞星動」，今年會是您的感情幸運年，請好好享受幸福美滿的日子！除了感情充滿好運，工作上也是貴人連連，只要你積極地開拓人脈，職場上能獲得更好的成績，也能為你帶來相當多的財富；但切記要謹慎消費，有些預期的收入可能會憑空消失，得先做好心理準備！

事業好運指數★★★★

豬朋友今年在事業上會受到貴人提拔，可以多留心注意哪些人可能會是你的貴人，尤其是有更進一步深造計畫的人，諸如：專業能力進修、學術深造，甚至是借調其他部門或是國家來增加歷練的機會，都能在貴人的護航下，順利圓滿。不過仍然需小心處理與法律相關的文件、合約或專案，多一份謹慎，能避免可能的官司訴訟。

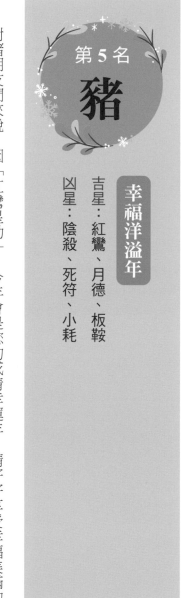

財運好運指數★★★

雖然整體運勢不錯，但有顆財運凶星「小耗」入駐，今年會有錢財意外流失的狀況，可能是投資失利、朋友借錢不還、斜槓收入銳減，或是原本期待的加薪取消、期待的獎金縮水等等，會打亂部分已經規劃好的理財步調，但別因此貸款或借錢支應，重新調整即可。平日只要量入為出，便能守住大部分的財富與積蓄，不至於消耗殆盡。

愛情好運指數★★★★★

單身的豬朋友們，今年有望可以和心儀對象共譜戀曲了！在「紅鸞」星的幫襯之下，過去沒有注意到你的對象，會開始對你產生好印象，有很大的機會可以發展戀情。也有可能是身邊出現許多對你抱持好感的異性，驚喜之餘更可以好好評估適合的對象，開啟戀情。對有伴侶的豬朋友們來說，只要持續關心對方，就可以不必擔心競爭者橫刀奪愛。

功名好運指數★★★

有機會但勝算無法估量，是豬朋友今年在爭取晉升或進修資格時的寫照。因諸多凶星進駐，和吉星相互作用之下，為今年的運勢寫下不少變數。過程中會出現不少阻礙，但其實都不至於影響最終結果，因此只要秉持一貫的努力與進取積極的態度，打好人際關係，善用前輩的資源，期待的晉升或進修機會，還是很有勝算的。

健康好運指數★★★

豬朋友們如果曾經有陳年舊疾，或是一直沒有正視處理的小毛病，在今年都會復發或是更加嚴重，讓你不得不好好面對。如果自己的健康沒有大礙，可能會是身邊親友突然傳來噩耗，讓你心神不寧，進而產生壓力，連帶影響身體狀況。還請豬朋友即使是在生病時，也要多多保持正向心態，讓病痛早日遠離。

化煞小提點

受到「死符」星的影響，易有悲觀負面的心情，也容易過分多愁善感，以致憂鬱困頓。例如常放大他人言辭、行為中的意涵，造成單方面誤會，以致作繭自縛。建議可多到有轉經輪的廟宇走走，用轉經輪轉出壞心情、轉入正能量，亦可在家中、辦公桌擺放轉經輪，時刻轉動，能幫助轉念且轉入好運。

十二生肖流月運勢——每月五運解析

鼠 流月運勢

1月 January

事業★★★

適合出外打拚，尤其若有異地出差的機會，請積極接受不推諉，可以獲得意想不到的人脈資源或收穫；若有轉職的念頭，也可開始接洽挑戰。

財運★★

財運持盈保泰，只要花費不超出自己的能力範圍，還是能擁有小小積蓄；建議團購與線上購物時多思量幾天，只購買必要之物，勿一時衝動消費。

愛情★★

感情進入倦怠期，容易因過度忙碌而無暇顧及彼此的感受；別忘了對方也渴望你的重視與關心，用撒嬌取代氣話，能讓彼此都得到安慰。

功名★★★

將會有你期待已久的升遷訊息出現，務必好好把握，勇於展現多年來累積的能量、才華與能力，保持自信，為自己爭取晉級的機會。

健康★

身體可能陸續出現健康警訊，即使是小感冒也不能輕忽，必須遵照醫囑細心調養，免得落下後遺症，此外，也務必重新養成運動習慣，為將來的健康打下基礎。

2月 February

事業★★★★

事業上只要積極努力，工作表現將會令人刮目相看。在合夥、簽約以及待人處事方面更加小心謹慎，便可減少失誤。

財運★★★

財運運勢不錯，雖然可能會有不少宴客、喜慶紅包方面的支出，不過均是共享喜氣的好事，也可藉此廣結善緣。

愛情★★★★★

愛情順心如意，將明確感受到愛情的美好。單身的人，能在這個月覓得良配，已婚的人也會有添丁、發財等喜事降臨。

功名★★★

有不少好機會值得爭取，雖然會有些外力干擾，或是自己心神不寧，可能影響表現，不過只要沉著應對，還是會迎來好結果的。

健康★★

除了壓力帶來的情緒起伏之外，本月還需留心因為意外帶來的血光，平常走路別忘了眼觀四面、耳聽八方，開車不求快，即可平安。

3月 March

事業★★★★

才華能夠被看見，工作表現非常突出的這個月，在享受榮耀的同時，人際往來上要謹守分際，可以避免不利於你的流言出現。

財運★★★★

財運亨通，可以考慮活用財富，買房置產是個不錯的選擇。此外，罰單、稅單容易相繼出現，開車遵守規則，就可減少被罰錢的機會。

愛情★★★

感情生活樸實，相伴過日子偶有孤單的感受，若是另一半也很忙碌，建議彼此協調休假，增加彼此的相處時光。

功名★★★★

因為職場亮眼的成就受到注目，有許多升遷或轉換跑道的機會出現，但仍需要提防小人暗中算計，影響功名成就。

健康★★★

身體健康方面並無大礙，唯獨可能會發生許多讓你憂心，甚至心情大受打擊的事件，要多注重適當的宣洩情緒，切勿獨自悶在心中。

4月 April

事業★★★★

事業表現延續開春以來的好運勢，但仍需要腳踏實地，不投機取巧，以免過去的舊事與恩怨被重新挑起。

財運★★★

雖然財運不錯，但是需要小心家中財物或隨身貴重物品被竊，也可能會面臨得花錢消災的情形，因此平日最好勿過度消費，才能守住積蓄。

愛情★★★

趁著春暖花開時，帶著另一半出門走走，有助於增進彼此的感情，單身的人更要多多走出大門，你會發現愛情就在轉角等待著你。

功名★★★

有吉星守護的這個月，在晉升方面掌握很大的勝算，只要小心處理人際關係，盡量避免口舌紛爭，便能一切平順。

健康★★

因有凶星入駐，容易感到體力不濟，當發現身體虛弱的時候，更要維持運動習慣與正常作息，不暴飲暴食，讓抵抗力保持在最佳狀態。

5月 May

事業★★

事業運勢開始走下坡，會明顯感覺到出現很多阻礙，團隊也會有許多動盪，只要保持耐心，依舊謹慎應對，便可度過難關。

財運★

本月要小心各種財務上的虧損，有大額投資者宜見好就收，避免大起大落的漲跌起伏，讓你賠上大筆金錢。

愛情★★

因為有顆愛情凶星影響，讓感情平添不少考驗，甚至有競爭者出現，加上彼此相處時間不夠，考驗著兩人的智慧。

功名★★

原先可期的升遷或進修計畫，除了有不少變動與阻礙外，也常陷入悲觀消極的情緒中，請務必打起精神，就算成果不如預期，也是累積經驗的好機會。

健康★

健康運勢下滑，將會遇到不少讓你感到憂傷悲悽之事，情緒與身體都會大受影響，因此產生失眠、疲憊的狀況，只要靜下心來慢慢處理，一切終會轉好。

6月 June

事業★★★★

擺脫了上個月的事業低潮，有了長輩或前輩貴人們的幫助，可在職場享受心想事成的快意。切記勿過度耽溺酒樂，方可保有成就與光榮。

財運★★★★

本月可以好好整頓收入與積蓄。也能在貴人的指點下，有意外的豐收，不得意忘形，便可守好財富。

愛情★★★★

因為吉星入駐，感情運勢也受到照拂，不只能遇到對的人，戀情穩定發展之外，更有機會成為攜手一生的伴侶。

功名★★★

藉著事業的好運勢，積極爭取晉升的話，將會有好結果。還是學生或有進修計畫的人，只要做好萬全準備，一定榜上有名。

健康★★★

精神活力充沛，無需擔憂健康問題，除了多留心因為天災而間接受傷之外，都沒有大礙，只要營養均衡，很快就能復原。

7月 July

事業★★★

事業運勢穩定，遇事依舊要審慎判斷，謹慎經營人際關係，小心禍從口出。以避免流言、八卦出現，損及自身名譽。

財運★★★

雖無財運吉星入駐，不過金錢運勢依舊不差，需留意可能會因意外而破財，只要抱持正念，便能守住錢財又順利平安。

愛情★★★

男性朋友可以在這個月大方享受女方的照顧，看似女性主導一切，但事事都是為你著想；女性朋友則需要多與對方耐心溝通，兩人就能甜蜜如昔。

功名★★★

在求取功名的路上，會遇到許多誹謗造謠之事，請堅定的破除謠言，以免錯誤訊息影響你的升遷，並同時認真經營人際關係，以絕後患。

健康★★

這個月請放慢腳步，事事小心，因有凶星入駐會帶來意外血光。維持精神飽滿，情緒穩定，就可減少不少受傷的機會。

8月 August

事業★★★

在貴人的助攻下，工作表現一路長紅，多受長官肯定，但還是要謙虛為懷，不衝動行事，才能避免出錯或與人衝突。

財運★★★★

諸多吉星守護的這個月，即使沒有財運吉星入駐，也能享有好運勢。只要不過度花費，投資不貪心，財富就會慢慢增加。

愛情★★★★★

愛情運勢超好，不只代表者戀愛滿分，也象徵人緣極好，各方面都會很有幫助。對已婚的人來說，也代表有機會添丁發財！

功名★★

「卷舌」凶星來犯，讓晉升之路有不少對你不利的流言、誹謗出現，除了澄清之外，更要謹言慎行，才能保護自己。

健康★★★

雖然身心安穩，健康無虞，但當使用刀具或駕車出門時，要更加專注，不疲勞駕駛，可免去遭遇受傷的災厄。

9月 September

事業★★★★

過去工作上打下的聲望基礎，加上穩健積極的態度，讓你在職場上能掌握實際的權勢與資源，只需提防小人便可創造亮眼成就。

財運★★★

雖然財運運程很好，但仍然需要留意貴重物品被竊、賴帳或公司帳目不清導致虧空的情形。只要仔細檢查確認，多半都能避免。

愛情★★★

即便兩人感情穩定，但偶有停滯的感受，即將步入禮堂的鼠朋友們，卻感覺有許多阻礙。此時，只要冷靜應對不急躁，最後就能有好結果。

功名★★★★

個人能力與魅力都受到肯定，最適合為自己爭取更好的條件或職位。只要保持謹慎、樂觀的態度，多半能心想事成。

健康★★

血光危機仍然存在，女性朋友請留心婦科相關的疾病，發現小徵兆要盡早就醫；男性朋友只要謹記避免衝動爭執，就可避開血光。

10月 October

事業★★★

在工作上會發生變動，但在貴人的幫助下，一切會朝好的方向發展，可能是開創新的客戶，也可能是自己創業成功，都將會成績斐然。

財運★★

有破財的危機逼近，多半源於自己的判斷失準，而導致錢財損失。建議在做財務相關的決定時，還是要向專家請益。

愛情★★★

感情雖然平穩，不過仍會有些小變動。可能是兩人工作與生活都有些改變，相處模式得跟著調整，只要彼此同心，很快就能再度穩定下來。

功名★★★

變動是本月的主軸，在進修或晉升的路上，常常計畫趕不上變化。建議保持平常心，不衝動急躁，才會有讓人滿意的結果。

健康★

受到健康凶星的影響，生病或受傷的機率很高，平常應該睡眠充足、飲食均衡，勤加運動，就算遇傷遇病也能快速復原。

11月 November

事業★★★

事業表現受到肯定，擁有實際的領導權能，不過仍會遇到許多阻礙，只要以積極的態度面對，以你優異能力，即可化危機為轉機。

財運★★

因「太歲」星入駐，諸事不宜的運勢也讓財運稍差。資產可能縮水，或是加薪幅度不如預期。平日要量入為出，才能保有基本生活所需無虞。

愛情★★

和對方的口角爭執會較多，即使是在熱戀期的情侶們也免不了。想要挽回感情的話，得先轉念，站在對方的角度思考，才有機會重修舊好。

功名★★

雖然鼠朋友們的能力無人能及，但有時還是得靠運氣，才能嶄露頭角。若是在晉升路上遇到阻礙，不必灰心，保持樂觀積極，等待機會即可。

健康★★

健康運勢不佳，仍是需要留意血光之災，在操作器械時，務必謹慎專注，就可以減少許多受傷的可能。

12月 December

事業★★★★

工作上有貴人相伴，利於簽約、合夥，

可盡力朝這方面努力，此時拓展、深耕人際關係也是很好的策略，還可防小人作亂。

財運★★★★

本月財運運勢大好，但與財富有關的決策，還是需要腳踏實地，不能好高鶩遠，最後才能有豐收的機會。

愛情★★★★★

愛情運勢大好，請好好把握機會勇敢表白或是向另一半傳達感謝。能夠如願與心上人一起歡度年底各個佳節。

功名★★★

規劃自己的下一步時，要仔細評估，只要不太過理想化，在晉升之路或提升專業能力時，還是能獲得不錯的成績。

健康★★

氣溫逐漸降低的時節，請留心身體狀況，即使平時勤於運動、作息正常，還是有可能受到病毒的侵害，做好防護工作是必要的。

牛 流月運勢

1月 January

事業★★★★

在吉星的陪伴下，工作運勢絕佳，可以藉此提出準備許久的創意提案或構想，只要不是過度理想化的空談，多半能受到賞識。

財運★★★

財運雖然不如工作運勢旺盛，只要理財得宜，財富仍能夠水漲船高。若有創業或斜槓的機會，也可以運用少量資金嘗試，可獲得額外進帳。

愛情★★★★★

紅鸞星動，無論是追求者或被追求的人，請準備迎接戀情吧！有伴侶或已婚的朋友們，也能迎來喜事或好人緣，將有添丁、發財的好事。

功名★★★

勇於接觸眼前的機會，但記得篩選與自身能力相符者，目標若太過好高騖遠，將不利提升自己的職位或能力。

健康★★

心裡一直有揮之不去的煩悶，不適當抒發的話，只會讓人更加消沉鬱悶，建議多到戶外走走或運動，調適心情，轉換情緒。

2月 February

事業★★

在工作上會遇到不少棘手的難題，有種無法突破、原地踏步的感受，這時千萬不要煩躁，謹慎細心分析情勢，就能夠破除瓶頸。

財運★

本月將會發生許多讓人必須花錢的狀況，加上收入不如預期，幾乎要用光積蓄。即便如此，還是以開源節流來化解，勿輕易借貸累積負債。

愛情★★

凶星籠罩，愛情甜蜜度也跟著受到影響，在無心經營感情的情況下，對方備受冷落；其實只要將煩惱據實以告，對方仍會體諒。

功名★★

如果正逢升等、晉升或進修考試，請先做好吊車尾甚至落榜的心理準備，不過也別太灰心，記取本次經驗，下次就能一舉得勝！

健康★

主災禍與晦氣的凶星入駐，大小傷病不斷，家裡的長輩也可能會有病痛情況，建議休養生息，曬曬太陽，對恢復健康很有幫助。

3月 March

事業★★★

雖有吉星相伴，但也有讓人受牽制的凶星存在，工作上不順，容易處處碰壁，只要保持樂觀積極，便有很大的機會可以突破困境，獲得佳績。

財運★★★

財運運勢稍稍好轉，依舊要量入為出，可先將近乎見底的積蓄補回來。已經獲利的投資，可考慮先了結，讓存款累積到一定的水準，再做其他規劃。

愛情★★★★

可以盡情享受愛情的滋潤，尤其是另一半的貼心與照顧，撫慰了工作與生活的疲憊，也請記得向對方好好表達感謝。

功名★★★

有不少適合晉升機會出現，想要積極爭取的話，在待人接物方面要謹慎應對，才不會讓自己陷入進退兩難的局面。

健康★★

這個月有意外血光的風險，無論走路或駕駛交通工具，都要保持專注，不搶快、不莽撞，便可避開受傷的機會。

4月 April

事業★★★

在工作上要小心小人的流言蜚語，工作上的人際往來要嚴守分際、不踰矩，才能讓小人無機可乘，避免影響到你的工作發展。

財運★★★

財運運勢持續好轉，但尚未大好，還是要做好用錢的規劃，不過度消費，也不做超出自己能力的投資，踏實穩健的管理財富，方能聚財。

愛情★★★★

別忘了另一半就是最好的朋友，各種煩惱都可以和對方傾訴，你將發現枕邊人不只能給你最大的心靈支持，甚至還能助你一臂之力。

功名★★

在這個月不太適合爭取晉升或參加考核，會有許多是非紛擾打亂你的腳步，不過如果抱著累積經驗的心態，倒是不妨一試。

健康★★★

健康狀態好轉許多，讓人感到神清氣爽，但還是要謹遵醫囑，讓身體徹底恢復，維持良好作息與運動習慣最為重要。

5月 May

事業★★★★

努力多時的工作成績終於受到肯定，開心之餘更要打好人際關係，以免過去累積的恩怨再度浮出檯面，影響你的評價。

財運★★

由於有財運凶星入駐，要更加留意是否會有花錢無度的情形，買東西時要多考慮幾天，不盲目跟團，就能守住積蓄。

愛情★★

感情遇到低潮，加上聚少離多，甚至有同床異夢的疏離感；再忙也要抽出時間陪伴對方，有時簡單的分享就能重燃愛情的火花。

功名★★★

若是打算爭取晉升或參加考試時，會有許多競爭者出現，雖然影響了拔得頭籌的勝算，但只要夠努力，還是有機會取勝。

健康★★

可能是工作與生活的壓力、勞累，明顯感受到體力的消耗。應多找時間休息、紓壓，遇事不硬撐，就能重拾體力。

6月 June

事業★★★

得貴人的相伴，即便是動盪的時刻亦能逢凶化吉。度過凶險之後，請靜心守成，做好分內工作，就能讓工作評價繼續攀升。

財運★

本月有「大耗」這顆財運凶星來犯，會讓錢財無法聚集，投資大起大落，還有錢財被偷的風險，還請隨時留意身邊與家中的貴重物品。

愛情★★

因為各種因素，會與另一半聚少離多，甚至分隔兩地，想見一面都很難。建議善用各種通訊軟體頻繁聯繫，維持感情溫度。

功名★★

在考核或升職方面遇到許多波折，不只耗損你的心志，也可能努力到最後，仍功敗垂成。不如轉個念，當作一次經驗的學習，下次表現就會更好。

健康★★

今年至今，身體健康狀況都未恢復到最好的狀態，因此請務必留時間讓自己喘息，勤於運動、均衡飲食，才有健康的身體為下半年打拚！

7月 July

事業★★★★★

在貴人的守護之下，在公司裡終於能夠揚眉吐氣了！不只事事順利，所有困難都在彈指之間解決，表現極為亮眼。

財運★★★★

財運終於逐漸見好，除了原本的收入之外，也會有些意外之財，但還是有破財的可能，花費要量入為出，荷包才會一直飽滿下去。

愛情★★★★★

愛情生活跟盛夏一樣炙熱濃烈，感情穩

定的兩人，有望攜手步入人生下一個階段。已婚的朋友也將會有好事發生。

功名★★★★

迎來期待已久的功名成就，長久以來的努力終於開花結果，讓人很有成就感，然而歡慶勝利的同時，仍然要提防小人暗算。

健康★★★★

身心狀態良好，能保有正向的能量，除了繼續堅持正常作息之外，還要多留心自身安全，就可以避免血光平安度過了。

8月 August

事業★★★★★

除了能力受到肯定，也展現了卓越的領導能力，不只是聲望節節升高，也擁有了實際的權力，可以實現更多想做的事。

財運★★★★

隨著職場表現亮眼，正財收入隨之增加，讓存款充盈了不少。隨著個人聲望升高，有許多額外收入也慢慢進帳，建議可考慮透過置產來累積財富。

愛情★★★★

愛情生活依舊美滿幸福，兩人一起歷經大小事，共同成長，能對彼此更包容、更體諒。偶爾換個角度，讓對方主動照顧你，也是表達愛意的方式。

功名★★★★

因為職場的優異表現，讓你在內部與外部都有許多的晉升機會，這是讓自己更上層樓的好時機，只要審慎的評估，就能擁有最適合你的選項。

健康★★★

身體或許因為勞累而較為疲憊，只要找時間休息就能恢復。仍然有血光的危機，需暫時減少具危險性的活動，就能避開較大的傷害。

9月 September

事業★★★★

有來自各方的貴人相助，能讓你心想事成。因此如果有任何創新的點子或是新穎提案，可以在這段時間勇於提出。

財運★★★★

財運保持著好運程，除了量入為出之外，若有投資打算，可先以小部分的資金試水溫，只要不貪心，多半會有好的收益。

愛情★★★

兩個人容易產生口角及爭執，千萬不要冷戰、冷處理，彼此只要願意理性溝通，就能解開誤會，感情反而可以更加穩固。

功名★★★

將晉升的眼光放寬廣，除了目前的職場，也可以考慮向外地發展，若有進修打算，不妨多看看國外的學校，也許會有更適合你的選擇。

健康★★★

天氣開始有些涼意，要隨時注意溫度變化，以免感冒生病。除此之外，請繼續保持良好的作息與飲食習慣，這是健康的不二法門。

10月 October

事業★★★

在工作上要以守靜為宜。若有需要前往外地的出差任務，言行舉止要更加謹慎小心，以防小人趁機中傷，遭受無妄之災。

財運★★

因有「天狗」星來犯，會有破財的危機，也要慎防財物被竊。管理財務的人，須留心帳目虧空的事件發生，只要平日謹慎行事就可減少災厄。

愛情★★

感情有陷入低潮的跡象，建議本月更要多花點時間及心思在伴侶身上，即使只是單純的陪伴，也能替感情加溫。

功名★★★

感受到小人動作頻繁，多少影響了你的聲望，因此更應該事事謹慎，待人接物要更圓融，便可減少小人作亂帶來的影響。

健康★★

除了要留心季節氣溫轉換，別讓自己生病之外，也請盡量遠離大型機械，需要操作時請務必專注，可大幅減少受傷的風險。

11月 November

事業★★★★

事業運勢持續有貴人相隨，若萌生新的創意或是自行創業的想法，都可以嘗試執行，將有合適的舞台能讓你大展身手。

財運★★★★

財運亨通，應掌握好運善加理財，置產

或是投資都是以錢滾錢的好方法，不要過度鋪張浪費，就能成為小富翁。

愛情★★★★

即使兩人生活上的變動不斷，但深厚的感情基礎，讓兩人依舊如熱戀期般甜蜜。單身的朋友也有希望與意中人成為情侶，再加把勁吧！

功名★★★

雖有貴人相助，但本月亦有許多凶星入駐，因此在求取功名的路上仍舊前途未卜，若發現自己陷入低潮，盡快調整好心情重新面對，就可順利過關。

健康★★

抵抗力明顯較弱，感冒不斷，千萬不能輕忽，以免病情加劇而需入院治療。家中成員如有老人、小孩，也要多關心他們的健康。

12月 December

事業★★

明明才華洋溢，工作表現不俗，但卻因為孤傲的性格而錯失良機；建議多與前輩、同事交流，好讓你的能力有機會被看見。

財運★

主離散的凶星來犯，財富難聚，可能會發生家中財物被盜、遺失隨身貴重物品的情形，須步步為營才能守住財富。

愛情★★

兩人的感情備受考驗。不單是相處時間減少，更遇到許多觀念衝突，大小爭吵持續發生，建議靜下心來與對方好好溝通。

功名★★

將面臨原有的機會被奪走，或過程中阻

礙橫生，使心情大受影響。不過只要轉念積極面對，不怨天尤人，仍有機會逆轉勝。

健康★

健康運勢低落，請小心出門在外的各種意外，可以的話盡量在家休養生息，讓身體和心靈都能得到充分的保護。

虎 流月運勢

1月 January

事業★

工作運勢遇上重重阻礙，拿手與不拿手的工作都窒礙難行，雖然難免沮喪，但只要保持積極的態度，結果仍有一線曙光。

財運★★

收入有大起大落的跡象，獎金可能大幅縮水，或是有許多需要花錢的情況，只要保持量入為出的習慣，就可順利度過。

愛情★★

感情生活動盪不安，兩個人的相處上有許多衝突，總覺得對方不夠體貼，其實站在對方的角度著想，多給予一點關懷，兩人就能甜蜜長久。

功名★

本月可能不是爭取晉升或參加考試的最好時機，雖然不能抱有太大期望，但是抱著累積經驗的心態挑戰的話，確實會收穫不少。

健康★★

因為工作或生活影響心情，忽略了飲食和運動的重要，而讓精神及體力都大幅下降，別忘了調整生活作息，以健康迎接未來的好運。

2月 February

事業★★★

工作能力開始受到長官的重視，仍要小心有些提議雖有創意，但執行面上不切實際，在提出想法之前要妥善思考規劃。

財運★★★

財運運程持平，要適當的回絕應酬或聚餐，好節省一些開銷，可累積作為備用基金或是進行投資，持續累積財富。

愛情★★

由於曾經承諾的約會或旅行遲遲沒有實現，可能會遭到另一半的抱怨，這些空頭支票的確損傷了感情，請積極安排，替感情加溫！

功名★★

面對嚮往的職位及參加考試，本來有十足的信心，卻遇到遴選方式或政策大改，讓你有白忙一場的感受，還是志在參加，仍可累積實戰經驗。

健康★★

早春氣溫變化大容易感冒生病，請好好

落實調整作息、規律運動的習慣，先為自己累積健康資本，才能面對未來的挑戰。

3月 March

事業★★

工作上雖然努力表現，還是得不到成就，甚至負擔日益繁重，讓人難以負荷；但轉念看待，這是很好的學習機會，可以鍛鍊出更強大的能力。

財運★★

突增不少意外的開銷，加上原本預期的額外收入銳減，財務上入不敷出。多從日常開銷中節省，就可順利度過。

愛情★★★

愛情諸事不順的這個月，還好依舊桃花朵朵。雖然不順心的事讓你總是眉頭深鎖，但藉由與另一半分享，不只抒發心情，更有助於加深彼此的信任。

功名★★

功名運勢依舊沒有起色，但是不必太過憂慮，每一次的失敗經驗都是離成功更近一步的動力，繼續保持積極的態度，成功亦不遠矣。

健康★

請多多留意身體狀況，因為凶星入駐，容易有大小傷病，家人也會受到傳染，平常務必要做好基本的清潔與消毒，確保居家環境整潔。

4月 April

事業★★★

事業運勢稍有起色，不過仍然常常處在

進退兩難的困境當中，有可能是能力不足所致，請放下身段虛心請教，就有機會創造佳績。

財運★★★

財運運程開始好轉，趁著運勢回升應好好打理財富。此外在這個月仍要謹慎消費，檢視過去是否無意間有過多開銷。

愛情★★

近期常出現想獨處的念頭，因此冷落了另一半。只要誠心與對方分享心情、說明緣由，多半都能得到體諒，也將能擁有自己的空間與時間。

功名★★

因受凶星影響，常陷入負面思考，企圖心下降，當然也會影響晉升成就，因此千萬要打起精神，正向的態度才會帶來正面的結果喔！

健康★★

舊疾都已經復原了，但體力與精神還未回到最佳狀態，除了運動習慣與正常作息，可多補充維他命，讓自己更健康。

5月 May

事業★★★★

工作表現優異，可以放心的展現你的機智與明快的反應能力，讓整個團隊的執行更有效率，長官也會對你讚譽有佳。

財運★★★★

自己創業或有經營副業的虎朋友們，本月進帳頗豐，累積了一小桶金。建議可以當作置產基金，讓金錢轉化成會自動增值的財產。

愛情★★★★

愛情能量豐沛，特有的幽默和靈活反應，常逗得伴侶開心不已，還請記得多發揮這樣的特長，可以讓你們的愛情歷久彌新。

功名★★★★

各方面的能力與成就都被看見，要爭取更高的職位或是待遇不是問題，只要謹守禮儀，提防小人，便可心想事成。

健康★★★

除了工作忙碌偶感疲勞之外，健康狀態大致不錯，只要繼續保持運動習慣，補充水分、均衡飲食、睡眠充足，就能擁有好體力。

6月 June

事業★★★★

因為有貴人相伴，職場的小人較無法作怪，可以盡情發揮你的能力，不必藏拙，大方展現，才會受到長官的賞識。

財運★★

各方面運勢雖好，唯獨財運稍差。花錢較無節制，建議適當婉拒應酬、聚餐，省下來的開支，相對的就是累積財富。

愛情★★★★

這個月將有喜事降臨。有「紅鸞」星的帶動，可能是張燈結彩的婚禮或是家裡喜迎新生兒。單身的人，也有機會和心儀對象成為情侶。

功名★★★★

貴人將為你帶來逢凶化吉的好運勢，原本毫無勝算的晉升機會，現在你也能積極爭取，記得拿出實力來好好表現！

健康★★★

工作表現亮眼，相對的壓力不小，也許會有陳年恩怨重新浮上檯面，紛擾的狀況難免影響心情。可以多接觸大自然，有助於釋放情緒。

財運★★

財運有「大耗」凶星來犯，與錢有關的合作或關係，都很容易損失大量錢財，請多留心合夥出資的細節，可減少財富一夕蒸發的機率。

愛情★★★

和戀人因故分隔兩地，約定好的見面也常有突發狀況，不得不改期。雖然距離遙遠，但只要常保聯繫，彼此關心，感情還是能維持穩定。

7月 July

事業★★★★

長久以來穩健的處事風格，以及果斷的行事作風，終於受到肯定。甚至幫助團隊度過了重大難關，讓同事與長官對你刮目相看。

功名★★

因為生活與工作的變動，讓你一心多用，疲於奔命，導致無法抽出多餘的心力爭取晉升或準備考核，請平心靜氣，等待下一次的機會。

健康★★

疲倦是這個月最主要的健康議題，還請記得安排休息的時間，補充足夠的營養，好面對近來的繁重工作與忙碌生活。

8月 August

事業★★★★

事業方面依舊有貴人幫襯，工作上的大前輩或身邊的長輩，會給予你不錯的機會與資源，只要把握良機，不過度貪圖安逸，便能大展鴻圖。

財運★★★★★

財富吉星入駐，各種途徑都可能增加錢財收入，只需要保管好家中與隨身財物，避免盲目冒進，即可享受財富累積的快樂。

愛情★★★★

工作如意讓人散發著光芒，也更有餘裕為對方製造浪漫回憶，無論是否處於熱戀期，都能沉浸在愛情的美好中。

功名★★★★

需要仰賴長輩或前輩的提攜，才能獲得更具挑戰的機會。因此多與長輩們來往，謹守分際與禮儀，便能受到青睞與拔擢。

健康★★★

經過了前幾個月的作息調整，現在的健康狀態就像充飽電的電池，活力充沛，接下來更要用心維持體能，好習慣需要耐心的持之以恆。

9月 September

事業★★★

運勢總是高高低低，雖然工作表現不如過去，但這是個觀摩別人成就的大好機會，汲取他人優點，轉化成自己的能力，也是贏家。

財運★★★

可能遇到意外的開銷，雖然多半不是喜事，不過只要稍微轉個念，可以用錢處理好的事情，都不成問題，繼續努力仍可重聚財富。

愛情★★★

兩人之間感情越來越穩定，生活相互扶持依賴。雖然熱戀的感覺少了些，但多了點踏實的信任，在感情路上也是一種進階。

功名★★★

在爭取升等或考試方面，雖然成績並非頂尖，但也順利成為合格名單中的一員，終能達成目標，可喜可賀。

健康★★

季節交替之際，很容易傷風感冒，加上長久累積的疲勞沒有完全消除，導致身體微恙。只要願意好好休養，還是能恢復健康的。

10月 October

事業★★★★

建議看準機會在職場展現自己，不必介意輩分或位階，幸得貴人大力相助，你甚至不需要花太多力氣，就能心想事成。

財運★★★★

財運運勢不錯，如果已經累積了一定的

財富，建議置產或是轉化成風險較低的投資，讓財富穩定緩慢的成長，可避免突然的破財意外發生。

愛情★★★

單身的虎朋友們請積極追求意中人，在天時地利的好運下，對方有極高的機會點頭答應，你們還會成為大家羨慕的一對佳偶。

功名★★★

如果有面試、口試的安排，無論是升學或是職場的考核，請切記謹言慎行，不隨之起舞，就能避免落人口實，化解不少糾紛。

健康★★★

如果明顯感受到體力下降，請不要輕忽，必須重新審視生活作息，戒除熬夜、吸菸、暴飲暴食等壞習慣，讓身體更健康。

11月 November

事業★★

工作上面臨不少的小人誹謗，讓許多原本依賴你的同僚產生了不信任感。不過只要正面迎戰，還是可以憑藉實力挽回聲譽。

財運★

財運耗損，產生許多不得以的開銷，如物品損壞必須更換、帳目不清導致必須賠償等等，都讓你積蓄銳減。不過新物品也象徵新氣象，不必太過氣餒。

愛情★★

愛造謠的小人不只出現在職場，也在兩人感情中作亂。深受其擾的你們，一時之間難免心煩意亂，但只要開誠布公的溝通，一切就能雨過天青。

功名★★

在學習方面會有再怎麼努力也徒勞無功的無奈感。雖然事與願違，但過程中你的正向態度，還是讓人留下深刻的印象，絕非白費。

健康★

「天狗」這顆大凶星來犯，血光之災難以避免。因此本月外出請務必小心謹慎，不衝動莽撞，才有機會順利避開厄運。

12月 December

事業★★★★

工作上有些變動與挑戰迎面而來，請勇於接招，在貴人的幫助下，這些變動將會帶給你新的突破，讓你名聲與地位都能更上層樓。

財運★★★

斜槓的虎朋友們，將會從副業獲得豐厚收入。小資上班族，也有機會得到一筆意外的獎金，對於財富的累積不無小補。

愛情★★★★★

無論你們兩人處於哪個階段，在感情路上都會有大喜事降臨，婚配、生子都有可能。單身的人也有望在年底遇到好對象，一起歡度佳節。

功名★★★

雖然變動的能量對於爭取晉升不太有利，不過基於過去努力累積的功績，還是有機會順利通關，取得好成績或好職位。

健康★

有「病符」凶星來犯，對健康影響極大，會帶來傷病與不可避免的血光之災。要請特別注重睡眠與飲食，便能順利度過。

兔

流月運勢

1月 January

事業★★★★

總是有些新點子的兔朋友，可以放心展現你的創意，會有欣賞你的貴人出現，並且大力支持，讓你聲名大噪，成為職場紅人。

財運★★★

財運運勢不錯，預期的收入和獎金都能順利入袋，但要留意的是可能會有與金錢有關的紛爭出現，請專業人士一起沉著應對就可順利解決。

愛情★★★

感情運勢有不少波折變動，不過別太擔心，只要你真心付出，對方就能感受到你的誠意，最後會有理想的結果。

功名★★★

雖有貴人星入駐，但只在新突破、新創意方面才能發揮作用。建議在爭取職位或參加考試時，朝跨領域的方向發展，應能順利過關。

健康★★

請保持正常生活作息，多吃原型食物，重拾運動習慣。因為凶星影響，受傷生病的情況或許難以避免，有健康的身體較能順利化解。

2月 February

事業★★★

你的執行能力受到團隊一致肯定，工作

表現讓自己也很滿意。不過還是要小心「太歲」星的影響，做好分內的工作，不多管閒事即可平順無事。

財運★★★
有不少收入進帳，逐漸累積到了第一桶金，可考慮進行置產，讓金錢成為不動產，相較之下是更保值的選擇。

愛情★★
感情運勢就像坐雲霄飛車一樣，大好大壞，讓人有點不堪負荷。記得以平常心面對，平時累積的信任，是化解兩人間誤會的最大助力。

功名★★
費心爭取晉升或考試，結果都不盡理想。別灰心，即使失敗也可以從中記取經驗，成為下一次表現更優異的基礎。

健康★★
本月易受惡疾纏身，可能是過去的舊疾復發，也可能是抵抗力低下感染細菌或病毒，只要配合醫囑養病，就可以逐漸恢復健康。

3月 March

事業★★★★
事業運旺盛，尤其有利於想創業的兔朋友們，可以在準備充分後，勇敢嘗試一回，說不定有機會一鳴驚人。

財運★★★
財運運程佳，適合盤點你目前累積的財富與投資，記得不要貪心，中斷獲利不理想的選擇，以免有大破財的可能。

愛情★★★

可能會因為工作或生活而感到苦悶，不妨和另一半分享你的憂慮，說不定能得到另類的觀點，讓你豁然開朗，也得到心靈上的支持。

功名★★★★

若想要有更寬廣的舞台，或是想挑戰更高職位，可以多留意外縣市或國外的資訊，也許距離稍遠，但會有適合你的選擇。

健康★★★

身體健康無礙，但是精神生活方面可能較為鬱悶，不必過度耽溺其中，只要到戶外走走，在大自然裡散散心，就能撥雲見日。

4月 April

事業★★★

工作上出現明顯動盪，不必慌張，這些變動會帶來生機，讓你有機會展現才能，所以要記得聚精會神，尋找切入機會。

財運★★

有凶星入駐，產生了不聚財、破耗的效應，有不少需要花錢才能解決的困境，保持樂觀，節省開支，當可平安度過。

愛情★★

兩人的感情開始出現了許多干擾，可能是彼此的朋友產生誤會，也可能是雙方家庭帶來的紛擾，雖覺煩惱，但只要兩人同心，沒有解決不了的難題。

功名★★★

在學術領域努力的兔朋友，若有到國外進修的機會，可考慮接受不推托，將會有另外一番成就與收穫。在職場奮鬥的人，派駐異地也不一定是壞事。

健康★★

有受傷生病的可能，請維持正常作息，讓自己的抵抗力處在最佳狀態，才能從容應對傷病，盡快恢復健康。

5月 May

事業★★★★

事業運勢比上個月順遂許多，雖然還是有不少小麻煩出現，但你都能順利化解，只要不好大喜功，將能得到貴人的幫助，讓你更表現更加亮眼。

財運★★★★

財運大好，正財偏財收入都很豐厚，不只補上了過去的財務缺口，財富的累積也來到了新高點，只要不過度消費即可成為小富翁。

愛情★★★★★

有利於愛情與婚姻的吉星相伴，面對心儀對象可以展開熱烈追求，將如願成為親密伴侶。想求婚的朋友可以採取行動，攜手共度下半生的夢想將會成真。

功名★★★

本月缺少積極的動力，千萬不要輕言放棄，別怕自己的努力像鴨子划水無人知曉，未來的加官進爵將少不了你。

健康★★★★

持續運動與良好作息，讓身體處在最佳

狀態，足以抵禦小病痛，但也不能因此輕忽，務必要繼續保持，才能用最健康的身體迎接好運。

6月 June

事業★★★★

有才華又幸得貴人幫助的你，可以盡情施展，職場聲量持續高漲，同事長官都很欣賞你，只需留意小人是否來犯。

財運★★★

有些過路財神，讓人覺得可惜，若是屬於必要的開支，都不必太過介懷，只要不虛擲浪費，便是累積財富的正途。

愛情★★★

感情生活受到流言蜚語的影響，讓彼此產生矛盾，只要再給對方一些時間，不實之事沉澱之後，自然清者自清，切勿因此傷害彼此的信任關係。

功名★★★★

藉著優異的專業能力，在這個月若要爭取晉升，將有很大的勝算，只要目標堅定，以謙虛的態度應對，就能獲得成功。

健康★★★

在這個月恐有刀災血光，使用利器時請多加留意，女性朋友可能會有婦科方面的不適，應趁著症狀輕微時就醫，防微杜漸。

7月 July

事業★★★

工作運勢整體而言當屬小吉，儘管過去恩怨的耳語可能春風吹又生，不必慌張，秉持原則冷靜應對便能化解。

財運★★

易有花錢如流水的狀況，趕緊提醒自己要量入為出，做好消費規劃，時時記帳留意收支平衡，才能保住長久以來的積蓄。

愛情★★★

兩人的感情進入平順穩定的階段，沒有激烈的爭吵，也少有激情甜蜜，但是彼此的信任與依賴，反而讓這段感情更美好動人。

功名★★★

若沒有適當的升職機會，建議增加自己的專業能力，考慮進修，辛苦在所難免，但能夠收穫許多，也拓展仕途上的更多可能。

健康★★

如有一直無法好好治癒的舊傷、舊疾，這個月易有機率復發，提醒兔朋友要審慎面對。只需專注配合治療，可以復原無虞。

8月 August

事業★★

各項運勢都會跌到谷底，工作方面也不例外。建議這段時間低調沉潛，多觀察、多學習，放低姿態能幫助你領悟更多。

財運★

財運明顯下滑，好不容易累積的積蓄，幾乎要敗光。每筆不在預期中的花費，都不是小數目。還好有日常存款支應，不至於連生活都是問題。

愛情★★

小倆口爭執不斷，因為太過忙碌而無法好好解開心結，感情瞬間降到冰點。需要找出時間彼此真誠溝通，方能平順度過這段低潮期。

功名★

雖然在各種升遷機會與考試中，表現不盡如人意，但是只要努力用心準備，經驗及能力的累積，都會留下痕跡。

健康★

來自各方的壓力與困擾，讓心情大受影響，甚至影響到生理健康，還請不要把情緒悶在心裡，找人聊聊或是運動抒發，都是很好的方式。

9月 September

事業★★★★★

經過了上個月的低潮，這個月整體運勢谷底反彈走高。工作上屢獲獎項肯定，更受到公開表揚，風光無限，只要勿得意忘形，便可將好運延續。

財運★★★★

金錢運勢可用「財運亨通」來形容。關於投資理財，可向具有專業背景的長輩多多請益，會有意外的大豐收。

愛情★★★★★

愛情歷經低潮與磨合，找到了彼此的相處模式，默契十足也更能相互體諒，比起熱戀期的甜蜜，現在更是幸福美滿。

功名★★★★

擺脫日前的低迷，近期無論是考試或是加官進爵都能無往不利、榜上有名，只要保持專注與謙遜，一切將會更圓滿。

健康★★★★

調養之下身體終於好轉，免朋友們應該迫不及待的想出門旅行吧！散心透氣之餘，建議還是要避開高危險性的活動，才能玩得盡興。

10月 October

事業★★★

工作上即使有些許不順，都能輕鬆化解。唯獨對已經很熟悉的工作內容，要保持一貫的謹慎小心，才更能避免各種大小失誤。

財運★★★

財運運勢雖然不及前月，但仍不俗。不論積蓄多寡，平日養成良好的消費習慣，不鋪張浪費，就是最好的理財方式。

愛情★★★★

單身的朋友，這個月要加緊把握好運勢，對心上人再積極主動一點，對方很快就會被你打動，牽起你的手共度每一個佳節。

功名★★★

在面試場合中，請特別留意自己的行為舉止，不要輕易表現出負面情緒，克服心情上的急躁不耐，便能以高EQ獲得青睞。

健康★★

可能會感到體力明顯下降，精神狀況不佳，當發現這些徵兆時應適當休息，不要逞強硬撐，以免影響健康，得不償失。

11月 November

事業★★★★

福星高照，事業運勢依舊旺盛，加上人緣極佳，很多任務都能順利執行，只需要謹言慎行，即可避免小人以流言誣陷。

財運★★★

雖然有不少要花錢的機會，不過都是喜事，不必捨不得錢財，反而可以趁機沾點喜氣，會讓自己的財運更好。

愛情★★★★★
想和對方攜手步入禮堂的兔朋友，無論你是男方還是女方，都勇敢求婚吧！對方其實也有相同的想法，正等著你開口呢！

功名★★★★
放心地接受朋友的引薦吧！朋友即是貴人，能夠在晉升的路上助你一臂之力，只要拿出真本事，夢想成功就在不遠處。

健康★★★
忙碌之餘，要記得為自己保留時間和空間，讓身體與心靈都好好充電，維持正常作息與均衡飲食，便會有健康的身體繼續打拚。

12月 December

事業★★★★
職場好運不斷，在一年的最後一個月依舊有貴人相伴，只要繼續以正能量穩健處事，保持積極向上的態度，好運便會一直跟隨。

財運★★★
財運運勢持平，有些微的破財危機，只要提高警覺，小心詐騙，多半就能化解。繼續保持良好的消費習慣，就能慢慢累積財富。

愛情★★
有伴侶者懷念起單身時的瀟灑自在。除了可以增加獨處的時間，也要記得照顧對方的心情，良好的溝通是感情裡的重要關鍵。

功名★★★
在準備考試或晉升時，務必保持謹慎嚴

謹的心態，維持一貫的水準。勿衝動或躁進，便能表現出眾，順利過關斬將。

健康★★

需特別小心交通意外，無論走路、駕車或搭乘交通工具時，都要提高警覺，留意周遭環境變化，保護自己避開災厄。

龍 流月運勢

1月 January

事業★★★

工作上可能會遇上轉調部門，或是需要到外地就任等任務，雖然轉變巨大，不過對你來說，將帶來意想不到的好處，可拋開疑慮勇於接受。

財運★★

財運動盪，加上有凶星來犯，容易造成破財、財物被竊等狀況，建議看緊所有物，落實開源節流，方能保住積蓄。

愛情★★

愛情也是人際關係中的一環，由於小人伺機而動，有許多流言蜚語影響了你們的感情，只要兩人誠心對談，誤會就能順利解開。

功名★★

近期晉升機會較少，加上許多莫名的阻礙，以及小人散播流言，讓你的表現不如預期，不過經驗也帶來不少學習，下次一定能表現得更好！

健康★★

可能遇上傷心事，也因此產生不少精神壓力，甚至出現失眠等生理狀況，記得常常深呼吸，轉念思考，以便化解憂慮。

2月 February

事業★★★

事業版圖有新的突破和開展，在公司內部聲望水漲船高，只要持續努力，專注面對各種變化，便能立下汗馬功勞。

財運★★★

財運運勢不錯，亦無財運凶星來犯，龍朋友們可以找時間審視日常消費習慣，將錢花在刀口上，存款才能夠更上層樓！

愛情★★

聚少離多是這個月的感情寫照，有時甚至分隔兩地，好幾週才能見面，請多利用通訊軟體，透過簡單的訊息傳達情感。

功名★★★

若想要在功名成就上更進一步，可以留意與自身專業知識相輔相成的工作，說不定會有更適合你的新機會出現。

健康★

健康凶星來犯，惱人的傷痛與疾病煩身，需要花時間調養才能徹底好轉；在煩憂的同時，務必配合醫囑，方能加快復原速度。

3月 March

事業★★

想要在工作上發光發熱，還需要再等

等。即使諸事不順，每天加班，但這些考驗都正在累積你的實力，將來才能一飛沖天。

財運★★

財運不佳，請降低物慾，務必量入為出、節省為上，勿衝動借貸，以免無力還款。應耐心靜待之後的財神降臨。

愛情★★

愛情運勢諸事不順，無論單身或有伴侶的人都會受到影響，即將步入禮堂的佳偶也可能爭執不休，建議拉長婚禮準備時間，可以減緩彼此的壓力。

功名★★

雖然爭取升職或考試的成果並不理想，讓心情大受打擊，還請沉澱冷靜，自省不足之處，下一次應能拔得頭籌。

健康★

除了心理壓力頗大之外，也有惡疾、橫禍出現的機會，外出請多從事靜態的活動，盡量不遠遊，便可降低受傷的風險。

4月 April

事業★★★★

準備在職場大展身手吧！將有貴人相伴左右，無論是提出創新構想或是創業都能獲得支持，但謹記勿好高騖遠，要腳踏實地才能成功。

財運★★

雖然各方面運勢都有起色，不過財運方面還是要保守一點。謹慎消費，萬一發生意外破財，積蓄才不會瞬間被掏空。

愛情★★★

戀人之間有所爭吵是正常之事，有時越吵感情越好，但還是別吝於以甜言蜜語取代口出惡言，能讓每一天更幸福。

功名★★★

考運不差，無論是晉升或是考試，都能順利過關，只要注意應試的回答，不要過於吹噓浮誇，穩扎穩打，將能得到高分無疑。

健康★★★

身心狀況平順，唯獨需要小心預防流血意外。即便只是拿剪刀也別分神，當然更不能疲勞駕駛，謹慎小心就能避開災禍。

5月 May

事業★★★

事業運勢持續前月的好運，但仍有困難險阻；因此請一定要加倍努力，以樂觀積極的態度工作，就能暗中收服小人，取得好成績。

財運★★★

財運運勢稍微好轉，可以開始盤點積蓄，好好審視收入與支出的比例，開源節流，可以為你增加一點積蓄。

愛情★★

感情熱度稍降，不過對彼此的信任與依賴還是存在的。只要安排幾場約會或旅行，重溫熱戀時期的感覺，就能替戀情增加新鮮感。

功名★★★

一同競爭的人當中，你的呼聲雖然較高，但不能因此輕敵或驕傲自滿，還是要拿出實力表現，才能實至名歸。

健康★

本月健康運勢不佳，請多提防血光之災，除此之外精神上也容易緊繃，切記保持正常作息與充足睡眠，方可轉危為安。

6月 June

事業★★★

工作上雖然沒有難以解決的困難，但有股無法突破的困頓之感，只要適當的紓解壓力，看待事情就會有新的視野與想法。

財運★★★

財運尚屬小吉，雖然有許多需要支付的費用，不過在良好的消費習慣之下，不至於荷包空空，甚至有些小存款可以投資。

愛情★★

感情問題方面，牽涉到兩人的家庭或經濟狀況要面對，複雜且難解。不過只要抱持同理心，耐心處理就可圓滿。

功名★★

雖然有想爭取的職位，但是總有股伸展不開的束縛感，應拋開悲觀思想及得失心，盡人事聽天命，好結果將離你不遠。

健康★★

工作與生活的壓抑感，讓內心情緒起伏不定，影響了生活作息，也讓身體出現不適。時時保持正能量，打起精神，才能恢復健康。

7月 July

事業★★★★

事業運勢越來越好，可說是無往不利，但周遭的小人仍在伺機而動，處事應對依舊要謹慎，才能讓敵人無從借題發揮。

財運★★★

可能會有與金錢相關的紛擾出現，只要秉持原則，就能順利解決。加上有不錯的偏財運，只要不過度消費，守住財富非難事。

愛情★★★★

兩人攜手度過紛擾之後，感情更加穩定，記得偶爾製造點浪漫驚喜，更能替感情加溫。單身的朋友，這個月有望得到對方的回應，擺脫單身。

功名★★★★

龍朋友要多把握近期看漲的好運勢，爭取升職或是進修。只要下定決心並付出相對的努力，多半都能順利取得好成績。

健康★★★

身體發出一些警訊，如體力稍微下降、專注力差了一點等，務必安排適當休息，放鬆身心，避免健康惡化。

8月 August

事業★★★★

受到貴人的指點，在事業表現上頗有一飛沖天的態勢，請保持自信，拿出長久以來蓄積的能量，讓大家刮目相看。

財運★★★★

隨著工作的好表現，收入也跟著增加，

有不少意外之財或餽贈。只要維持良好的消費習慣，財富就能荷包滿載。

愛情★★★

有伴的人感情穩定，單身的人也有機會擄獲對方的芳心。只要謹慎對待身邊的異性朋友，把握分寸，戀情便能更加甜蜜。

功名★★★★

延續先前的好運勢，在功名路上還能夠再升一級。在學生們可以挑戰難度更高的考試，好結果可期；上班族們別怕承辦大案，是獲重用的好時機。

健康★★★

對自己的身體狀況要保持高度警覺，不要忽視任何感冒或病痛，只要及時處置，即可獲得良好控制，不致演變成嚴重疾病。

9月 September

事業★★

在工作上遇到許多阻礙，即便偶有讓人振奮的好消息，卻不敵眼前的難關，需以靜制動，才能從中發現轉圜生機，突破瓶頸。

財運★

財運運勢因「大耗」凶星降到谷底。在這個月會有許多金錢的耗損，甚至有因色破財的情形，需沉著面對方能減少損失。

愛情★★

愛情面臨重大考驗，有伴侶的人有離異、分手的可能。換個角度想，也可看作重新審視感情的機會，只要不受情緒左右，心中自有答案。

功名★

總是為目標努力打拚的龍朋友們，此時可能會有功敗垂成的感受。但是失敗的經驗往往更可貴，應看作是下次成功的前哨戰。

健康★★

請留意過勞帶來的身心損害，置之不理的話可能帶來更嚴重的後果，記得抽出時間休息或就醫檢查，才能保有健康。

10月 October

事業★★★★★

事業運勢來到高峰，身邊會出現長輩級的貴人相助，記得多多接觸，表達你的企圖與想法，你將成為眾人欣羨的對象。

財運★★★★

長輩貴人不只在事業上助你一臂之力，也能在財運上幫你一把。理財時多請益，再汲取適合自己的方法，積蓄便能聚沙成塔。

愛情★★★★★

「紅鸞」星高照，戀人們有希望攜手步入禮堂，成為一輩子的伴侶。單身的朋友身邊會出現心儀的對象，有望順利脫單。

功名★★★★

長期以來的努力與經驗累積，替你爭取到期望的升遷，大小考試也都順利過關斬將，只要保持謙遜低調，好運會持續相隨。

健康★★★

身心狀況都很好，只要記得別把自己的行程排得太滿，保留時間讓身心適時放鬆，只要不過度操勞，一切即可平安。

11月 November

事業★★★

事業運勢持續看好，除了出色的專業能力，領導統御及規劃的能力也讓人印象深刻，只需謹慎處理八卦流言，就可以持續締造佳績。

財運★★★★

有財運吉星相伴，在仔細評估各種風險之後，可以考慮置產。自行創業的朋友可以考慮增加資金，都有希望帶來更多回報。

愛情★★★

兩人的感情進入到下一個階段，需要時間彼此適應與調整，雖然有外在干擾，只要兩人目標一致，很快就能重拾往日甜蜜。

功名★★★

有意爭取主管職位的龍朋友們，可以在本月把握機會，結果將會讓你滿意。學生們若遇面試，機智的臨場反應，會為你帶來好成績。

健康★★

多有意外與血光之災，可能被利器所傷，也有可能遭遇橫禍。出門在外時，多注意身邊環境的變化，以避免受傷的機會。

12月 December

事業★★★

在貴人相助之下，工作心想事成，想推動的計畫與專案都能順利進行，唯獨應對進退要謹慎，才能減少口舌紛爭，保住聲譽。

財運★★★

財運持平，可維持一貫的理財規劃與消費習慣，只需要保管好家中與隨身的貴重物品，就可以減少破財機率。

愛情★★

和另一半的爭執越來越多，多半起因於彼此的猜忌，建議兩方都需要冷靜下來，分辨傳言與事實，真心溝通後便可解開心結。

功名★★★

為了爭取更好的升遷而努力的龍朋友們，只需要謹言慎行，行事小心不落人口實，當可以順利過關斬將，如願以償。

健康★★

無論工作或生活都特別勞碌的年底，身體易出狀況，請慢下步調，不必事事衝第一，健康的身體千金不換。

蛇 流月運勢

1月 January

事業★★★

事業運勢順遂，且有貴人相助，許多困難都能及時化險為夷，只要謹慎處理人際關係，便可減少流言蜚語的中傷。

財運★★

財運運勢雖然不太好，但幸好沒有大破財或是金錢糾紛出現。在支出變多的時期，可依賴既有存款或是節省開銷來度過。

愛情★★

兩人之間多有爭吵，往往從一件小事開始野火燎原，遇事時不要衝動，冷靜下來再溝通，以免言語傷人，難以挽回。

功名★★★

有賴不少好運相伴，可以積極爭取晉升或是安排考試。靠著自己的努力與準備，再加上正向能量加持，一定會有好結果。

健康★★★

身體狀況不差，但情緒上遭遇到悲傷之事；記得找時間到戶外走走，釋放情緒與壓力，重拾積極樂觀的態度。

2月 February

事業★★★

在工作上切記不衝動行事，才能避免禍從口出，或因思慮不周而判斷失誤。越是穩健踏實，越是能夠獲得好成就。

財運★★

易有破財的危機，務須節省開支，也要小心遭人賴帳或借錢不還，建議可以婉拒聚會、應酬，有助於守住財富。

愛情★★

感情狀況陷入膠著，因溝通不良，加上各自有工作與家庭要顧，兩人都無心經營感情，若想長久交往，需花時間溝通彌補。

功名★★★

只要保持積極向上的態度，面對晉升時便有勝算，學生朋友們面試時也要拿出同樣的態度，讓考官對你印象深刻，方能榜上有名。

健康★★

可能有遭逢血光的危機，務必要提高警覺，無論工作或生活都要謹慎再三，不可輕忽玩笑，以避免受傷流血的機會。

3月 March

事業★★★★

將遇到特別欣賞你的創意的貴人，如有醞釀已久的新企劃或創業點子，不妨大方分享，可以得到充分的支持，有機會能夠開創市場。

財運★★★

近期財運持平穩定，還是有些意外的紅包支出，就當廣結善緣即可。平常只要定期儲蓄，財富的累積便歷歷可見。

愛情★★★★

異性緣很好，可留意有沒有適合交往的對象。情侶們將有婚配喜事降臨，已婚的朋友們，添丁發財等喜事也會出現喔。

功名★★★★

因有眾多吉星守護，想爭取晉升可以說是穩操勝算，但還是要費心準備，拿出謹慎的態度，才能高分過關。

健康★★

抵抗力變差，明顯感覺到體力不如從前，除了生病之外，也可能會有血光之災。平時應清淡飲食，保持良好體態，方能避開災病。

4月 April

事業★★

在事業方面要面對不少挑戰，原本順利的任務會變得困難重重，還有流言重創你的聲望，但只要樂觀面對，還是有機會轉危為安。

財運★

財庫出現破洞，有很多意想不到的開銷，慶幸的是之前有良好的儲蓄習慣，才不至於坐吃山空。可見儲蓄應持之以恆，不可鬆懈。

愛情★★

戀愛期間的相處有許多要注意的地方，小至日常瑣事，大至觀念溝通，都需要花費心力，只要兩人同心，相互體諒，就能順利度過。

功名★★

需要參加考試的人，可能因為種種因素，讓你與過關擦肩而過，但不必氣餒灰心，這次寶貴的經驗，是下次拔得頭籌的關鍵。

健康★★

盡量減少爬山涉水類的休閒活動，改以靜態活動或危險性較低的運動取代。先確保身體狀態良好，未來再挑戰體能極限。

5月 May

事業★★★★

吉星照映，可以放心在職場上發揮才能，只需要留意提出的建議與企劃勿太過理想化，有全盤的規劃，便可以放心衝刺。

財運★★★

財運尚佳，應繼續維持良好的儲蓄習

慣，不鋪張浪費或過度開銷，可以逐漸累積一筆不小的財富，作為投資或創業的基金。

愛情★★

即使和另一半關係穩定，仍有意外的追求者出現，對方可能因此吃醋或猜疑，只要維持彼此的信任感，你們的感情就會更加堅定。

功名★★★

在爭取晉升或面對考試時，感覺無法突破困境，擔心影響最後成果，其實只需要適當的轉移注意力、放鬆一下，就能茅塞頓開。

健康★★★

多小心皮肉外傷，女性朋友則需要多留意婦科或經期不順等問題。只要平日重視身體保養，營養均衡、睡眠充足，就可減緩衝擊。

6月 June

事業★★

事業運勢較差，但有著過去打下的基礎，保持穩健積極的態度，放低身段趁機學習，不急於此時，將來還是能一飛沖天。

財運★

財運略顯低迷，收入減少再加上破財，日常生活的負擔增加，若是必須動用備用資金也無妨，錢財流動本屬自然，日後仍有機會可以賺回來。

愛情★★

愛情雖然遇到低潮，但是心裡還是有著彼此，如果正值爭吵，可以暗中傳達關心，對方會明白你的情意，並願意與你重修舊好。

功名★

功名運勢不甚理想，可以選擇靜待機

會，當然也可以加入競爭行列，從中觀察他人的優點，也是很不錯的策略。

健康★★

意外血光的危機依舊存在，請保持一貫的謹慎與細心，避開傷害。小傷與感冒也不能輕忽，才不會引發更嚴重的病症。

7月 July

事業★★★★

歷經前月低潮，貴人再度蒞臨，可以準備大展身手了！過去卡關的地方，在貴人的指引下都能順利過關，讓你事事順利。

財運★★★★

儘管依舊有破財風險，但是本月的財運運勢大好，要把握良機，將缺空的積蓄補滿；購物前再三考慮，免得虛擲金錢，很快就能存滿一桶金。

愛情★★★★

感情重拾甜蜜，只要繼續用心經營兩人的關係，相同的爭執不再重蹈覆轍，就能享有幸福美滿的兩人生活。

功名★★★

在各方壓力下，要爭取表現機會略感不順遂，不過秉持著努力不懈的精神、積極正向的態度，獲得青睞的機率還是很高。

健康★★★

身心狀態十分良好，可以加強鍛鍊強度，增加運動時間，或是補充需要的營養品，都是讓身體更健康的好方法。

8月 August

事業★★★★

持續的事業好運，提供更大的舞台讓你發揮所長，將有機會展現你卓越的領導能力，與靈活的應變能力，使職場上司留下深刻印象。

財運★★★★★

有財運吉星守護左右，使積蓄快速增長，可以向專業人士請教進階的理財規劃，或考慮置產，都是很好的選擇。

愛情★★★★

全身上下因為好運勢而散發著光芒，在另外一半眼中也格外耀眼。有心思與財力替對方安排浪漫的行程與驚喜，愛情事業兩得意。

功名★★★★

因為優異的專業與能力，幾乎不必辛苦過關斬將，就有許多晉升機會能選擇，只要應對得宜，不落人口實，想要哪個職位都不是問題。

健康★★★★

長久以來的好習慣讓你擁有強健的體魄，能盡情享受生活，可以從事刺激有挑戰性的運動，或加碼鍛鍊，身材及體態都讓人欽羨。

9月 September

事業★★★

事業運勢雖然沒有前月好，但大致順遂，工作上的阻礙也能輕鬆化解，可能會有過去的恩怨或官司浮現，只要以嚴謹的態度面對，仍能圓滿。

財運★★

有財運凶星入駐，因而易有破財的危機，也會有花錢如流水的傾向，只要重拾良好的儲蓄習慣，就能減少破財。

愛情★★★★

近日桃花盛放，愛情運勢旺，無論單身或有伴的人，都會有喜事降臨。甚至還能為身旁的家人及朋友帶來吉慶喜事，共享福氣。

功名★★★

雖然在求取功名的過程中有些阻礙，不過好在都能順利解決。面對眾多的競爭者，只要穩定發揮，一樣能夠拿到不錯的成績。

健康★★

若有舊疾在身，請記得到醫院定期追蹤檢查，以防復發。只要平日維持正常作息，勤加運動，當可以平安度過。

10月 October

事業★★

工作上會有不少變動，可能要涉足新的領域，未知的狀況讓你感到憂慮，只要相信自己的能力，穩健應對，沒有不能解決的難題。

財運★

有財運凶星來犯，容易守不住錢財，還會發生遺失貴重物品、錢包的倒楣事，應多加留意。幸好有過去的存款支應，能順利度過。

愛情★★

兩人的感情開始有些裂痕，加上彼此生

活中的變動都很大，漸漸感受到隔閡。如果還願意繼續戀情，只要真誠交換意見，應能找到更好的相處方式。

功名★★★

本月功名在遠方。準備升學的朋友可以留意國外的機會，求晉升的朋友，可以看看不同城市、國家的機會，說不定有讓你更心動的選擇。

健康★★★

身心健康方面沒有需要擔心的地方，工作與生活的諸多變動雖然帶來壓力，但多與親友傾訴、適當紓壓，即能平安健康。

11月 November

事業★★★★★

職場上有貴人相伴，聲勢看漲，需拿出看家本領，展現專業，讓貴人們更願意相挺，助你創造事業的巔峰。

財運★★★★

財富有意外之喜，只要珍惜機緣，不因好運而揮霍金錢，這筆收入就能成為你的第一桶金，並由此帶來更多財富。

愛情★★★★

感情甜蜜美滿，雖然偶爾會分隔兩地或聯繫困難，但兩個人的心意始終相通，感情不因時空阻隔而受影響，兩小無猜。

功名★★★★★

將能獲得別人沒有的大好機會，切勿辜負良機，應盡力展現最好的一面，積極爭取，你將得到實至名歸的殊榮。

健康★★★★

多虧了長久堅持的運動習慣，在冬天裡

依舊有著超強抵抗力。不過還是得小心意外的血光，以及記得隨著氣溫的變化增添衣物。

12月 December

事業★★

恐有懷才不遇的感受，平日裡就要記得勿恃才而驕，應勤於經營人脈，才能讓所有人看見你的能力，適時獲得賞識。

財運★★

財運方面有許多破財的危機，可能是治療疾病需要花錢，也可能是意外需要賠償，雖然多是負面消息，只要以正向的心面對，終究會有轉機。

愛情★★★

愛情逐漸邁向穩定的階段，也許少了點初相戀時的熱情，但卻多了點踏實感受。單身的人可以持續傳達傾慕之情，對方有機會點頭答應交往。

功名★★★

無論是職場朋友或是學生朋友，在面試時，要不斷提醒自己專注、拿出實力，才能贏得考官的青睞，順利取得好成績。

健康★★

在忙碌的年末，可能會有需要接受小手術的情況，不必逃避擔憂，應配合醫師明快的處理，才能以健康的身體迎接來年。

馬 流月運勢

1月 January

事業★★

事業上會有是非流言纏身，對你產生不小的影響，工作上也容易有判斷失誤的情形，只要勇於面對，冷靜處理，還是會有轉圜餘地。

財運★★

要做好破財的心理準備，遺失錢財、賠償，或看病等開銷都有可能發生，只要日常節省一點，還是可以順利度過。

愛情★★★

感情運勢不錯，兩人能夠在日常生活中互相支援，在面對各自難題時相互扶持，雖然其他方面不太順遂，至少仍有甜美的愛情可以撫慰。

功名★★

因為小人散播流言，導致名聲受損，影響了求取功名的機會。只要正面迎戰，澄清謠言，仍有機會可以扳回一城。

健康★★

健康狀況不太理想，應盡量婉拒具有高危險性的戶外運動，可以避免許多意外血光，最好在家休養生息。

2月 February

事業★★★★

職場上有貴人相助，除了讓你順利解決各種難題，也補強了你的人際關係，能讓你毫無後顧之憂的一展長才。

財運★★★

財運運勢逐漸好轉，補足了先前的資金缺口，還有些許意外之財，雖然也有不少賀禮要送出，但總是喜事，也利於結交人脈。

愛情★★★

愛情吉星凶星都入駐的這個月，感情生活大致平穩甜蜜，但有伴者須注意身旁桃花過盛，應保持適當距離，才不致影響戀情。

功名★★★

這個月的貴人能幫助減輕小人帶來的殺傷力，讓你在晉升路上較為順利，不過仍然需要有充分的準備與努力，才能得到認可。

健康★★

身體健康方面無需擔憂，反而是生活中會發生許多讓心情受影響的事件，讓你十分憂傷。記得適當宣洩情緒，才不會拖垮身體。

3月 March

事業★★★★

有足以化解煞星凶性的吉星來助，在職場上得以發揮長才，幫公司如期完成了困難的專案，聲望如日中天。

財運★★★

財運運勢雖然不錯，但偶爾會有讓你突然花掉大筆金錢的情形，如果真的無法避免，要仔細節流，方能保住大部分財富。

愛情★★

因有「寡宿」凶星入駐，代表著異性緣或婚緣淺薄。若已論及婚嫁，不妨下個月再仔細商量；單身朋友們則可再享受一段自由的時光。

功名★★★★

馬爭取晉升機會時，只要拿出穩健積極、樂觀豁達的態度，加上過去的豐富經驗，幾乎都能順利過關，取得想要的職位。

健康★★★

健康運勢吉凶參半，出外遊玩時，會有意外受傷的風險。可以的話下個月再前往海邊或溪邊，便可避開大部分的災厄。

4月 April

事業★★★

這個月工作上有貴人相助，許多困難迎刃而解，但仍需留心小人暗算，只要時時保持清晰的思路，不做出錯誤判斷，就能避開小人的影響。

財運★★★★

財運很好的這個月，可以向理財專家請益進一步的理財規劃，不過金錢耗損的風險還是存在，維持謹慎保守的態度，就能累積財富。

愛情★★★

愛情生活雖然平淡，卻處處充滿為對方著想的甜蜜巧思。儘管還是會有流言蜚語干擾，但不會影響感情的進展。

功名★★★

功名之路大致順遂，偶有危機需留意。只要保持極佳的精神狀態，事先做足功課，防止做出錯誤判斷，就可以順利加官晉爵。

健康★★

抵抗力明顯較弱，容易生病。請多注意睡眠與飲食，不過度勞累，規律運動與適當休息，便可平安度過。

5月 May

事業★★★

工作上展現了絕佳的領導力與規劃力，幫團隊解決了長久以來的難題，也讓長官對你有了很好的評價。

財運★★★★★

財運亨通，無論在正財或是偏財都有很好的收穫，除了儲蓄之外，可以進行其他的投資或是購置房產，都是能持續增加財富的方法。

愛情★★

和另一半有不少爭吵，請先靜下心來，仔細觀察對方是不是只是疲倦或身體不舒服而已，多些關懷，可以避免不必要的言語衝突。

功名★★★★

理想的晉升之路就在眼前，只要多努力，有很大的機會可以順利獲得拔擢，成為實際掌握權力、推動理念的人。

健康★★

易有惡疾及飛來橫禍的危機，會讓身體受到傷害，保持健康的生活以及減少外出遠行的機會，便可以避開大多數的災禍。

6月 June

事業★★★★
事業運勢大好，各方面都如意順心。有創業計畫的馬朋友們，可以放手一搏了，貴人將會助你化創業艱辛於無形。

財運★★★★
眾多吉星的相伴之下，只要平常不過度鋪張浪費，做好儲蓄與理財的規劃，將有機會累積好幾桶金，財運如意亨通。

愛情★★★
愛情順遂甜蜜，單身者覓得良伴，情侶們穩定交往，默契十足，已婚佳偶也對家庭有了共同的想像，只要用心經營，就不怕感情變質。

功名★★★
適合的功名機會可能在其他城市或國家。可以將眼光放遠，看看異地的機會，說不定會有符合你期望的選擇。

健康★★★
近期身體安康，只有精神層面偶爾有消沉鬱悶的跡象。保持睡眠充足，偶爾到戶外散散步，這些煩憂就能煙消雲散了。

7月 July

事業★★★
工作上會遇到變動，如擴編、職位調動等等，整體來說利大於弊，還能夠從變動當中找到生機，替團隊開創新的業務機會。

財運★★★
財運不差，收入和獎金都能順利入袋，

可以偶爾買張彩券，說不定會有偏財收入。記得還是要量入為出，才能累積財富。

愛情★

想要獨處的感受非常強烈，本月較懂得享受自由，對感情有新的領悟。有伴的人只要向另一半說明清楚，相信能夠被體諒。

功名★★

功名運勢在本月不甚理想，若有想爭取的機會，建議得失心不要太重，以學習觀摩的態度出發，將會收穫更多。

健康★★

炎炎夏日若稍有不慎，仍有感冒機會，記得多留意身體，家中的長輩可能也會有些傷病，行有餘力要多加關心。

8月 August

事業★★★

事業好運依舊相伴，需注意的是，會有不少壓力干擾，影響情緒，無論遇到什麼狀況，記得沉著應對，才能轉危為安。

財運★★★

有獎金或其他意外收入進帳，都是筆小財富，但也有不少喜慶場合需要賀喜。不必擔心口袋空空，財神依舊會站在你這邊。

愛情★★★★★

「紅鸞」星高照，單身朋友會有愛情降臨，有伴侶的朋友會有好事發生。只要避免瓜田李下之嫌，一定能夠幸福美滿。

功名★★★

如果有心透過證照考試增加專業能力，

這個月是很好的時機。有吉星守護，只要時間安排妥當，專注努力，就能獲得佳績。

健康★★★

可以試試更換運動方式，或是增加運動量，飲食也可以朝著更健康的方向調整。身體健康，精神自然也會抖擻。

9月 September

事業★★★★

憑藉著努力與好運勢，工作上表現依舊亮眼，不過需要提防小人暗中使壞，只要鞏固好人際關係，謹守分際，就可讓小人無法施展。

財運★★★

財運運程頗佳，可以藉此盤點財富，把不需要的消費剔除，將收入做妥善的分配，你將發現自己越來越富有。

愛情★★

已婚者和另一半會有比較多的衝突，如果都是為了兩人的家庭著想，調整情緒後再溝通，將有比較好的解決方案。

功名★★

有時輸贏不是重點，而是過程中的學習與經驗累積。雖然在功名上不甚順利，但卻結識了將來對你有幫助的朋友，也算一大收穫。

健康★★

有許多讓人煩憂的事情發生，甚至導致失眠多夢、心緒煩亂，要時時提醒自己充滿正能量，所有難題都會逐步得到緩解。

10月 October

事業★★★

事業運勢持平，需要留意是否會有官司出現，只需要秉持一貫的勤懇認真、積極樂觀，便可化解困難。

財運★★

破財的機會不少，可能是自己花錢無度，也可能是遇事需要賠償，或是遭遇詐騙。花錢之前應深思熟慮，以避免衝動消費。

愛情★★★

感情順利美滿，能從另一半獲得很大的安慰，也要記得偶爾安排浪漫約會，向對方傳達你的情意，感情更堅定穩固。

功名★★

功名或考試的結果不太理想，有可能只差臨門一腳，請別灰心，畢竟諸多干擾出現，難免心煩意亂，下次一定會有好成績。

健康★★

體力與精神的消耗極大，請重新檢視工作與生活是否失去平衡，趕緊調整回到對身體最好的作息，就能感受到體力回來了！

11月 November

事業★★

工作上會有窒礙難行、處處碰壁的感受，這時候更應該要以靜制動，把該做的事情做好，便會有機會克服阻礙。

財運★★

財運受到凶星影響，經營事業的朋友會

遇到虧損或是無法回本的情形，建議即時停損，至少保住部分金錢，不讓虧損越來越大。

愛情★★★

無論結婚與否，兩人的愛情進入穩定期，雖然日子稍微平淡，但依舊幸福美滿。單身的朋友只要再加把勁，心儀的對象就能成為你的伴侶。

功名★★

功名運勢持續低迷，可以藉機韜光養晦，或是觀察與你有相同目標的人，從旁累積經驗，下次換你上陣時，一定能大放異彩。

健康★★

將有讓人悲傷的事情發生，且大小狀況不斷，讓人身心俱疲。嘗試深呼吸調息，舒緩壓力、靜下心，負擔也會跟著減輕。

12月 December

事業★★★★★

年末的最後一個月，終於等到大好的工作運勢，請爭取表現機會，讓自己的能力和專業被看見，只要不得意忘形，就能得到長官的賞識。

財運★★★★

雖然財運凶星入駐，但也有吉星照耀，除了能夠補足之前儲蓄的缺空，還能累積一筆財富，只要好好運用，就能成為小富翁。

愛情★★★

只要把對方放在心上，主動做出替對方著想的舉動，不必大費周章，就能讓對方感到愛意，讓彼此的感情熱度再增溫。

功名★★★★

將有很好的功名運勢，可以積極爭取晉升，透過貴人的幫助，你將會在個人聲望與地位上，都大有斬獲。

健康★★★

體能及心情狀態都很好，無需擔憂健康。作息正常，把精神與體力養足，就能減少恍神的機會，避開各種意外。

羊 流月運勢

1月 January

事業★★★★

有能化解凶惡的貴人出現，無論在開發新客戶或執行專案時，都能無往不利，只要行事正派，好運就會一直跟隨。

財運★★★★

大吉星來相助，過去的負債能在這個月全部清償，加上豐厚獎金入袋，只要養成儲蓄習慣，就能擁有不少財富。

愛情★★★

愛情有吉星相伴，單身朋友可以藉著好人緣，順利遇見對象。已婚的朋友，只要防範爛桃花，會有添丁、發財的好事降臨。

功名★★★

憑藉貴人的幫助，帶動了功名運勢，各項考試紛紛傳來錄取的好消息，只要抱持著謙遜的心，就能做出最適合的選擇。

健康★★★★

由於近期好運連連，你的氣色與精神都在最好的狀態。只要不縱情享樂，堅持良好的作息與飲食習慣，就能擁有健康的身體。

2月 February

事業★★★★

把握好運勢，努力推進由你主導的計畫，依然會有貴人相助，給予需要的資源，只要謙遜不驕傲，當能獲得滿堂彩。

財運★★★★★

可能會有筆意外收入，建議將這筆金錢當成是往後財富的基礎，別虛擲浪費，就算只是單純儲蓄，也能為你的財運加分。

愛情★★★

愛情生活延續前月的幸福美滿，雖然生活瑣事讓你心煩，不過只要一見到對方，所有憂慮就會一掃而空。

功名★★★★

亮眼成就吸引了各界前輩的矚目，無論官場、商場，都對你拋出橄欖枝，只要秉持初心、謙遜請益，將能平步青雲。

健康★★

忙碌的生活難免讓身心疲憊，情緒起伏。請務必安排放鬆的時間，以免身體狀況惡化，也防止不專注所引發的交通事故。

3月 March

事業★★★

事業運勢雖然稍有衰退，但依舊有貴人

給予幫助，能降低厄運帶來的影響，可以讓你放心的一展長才、衝刺事業。

財運★★★

財運運勢持平，應多重視理財規劃，分配好儲蓄與開支的比例，現在慢慢累積財富，未來才能夠因應突發狀況。

愛情★★

愛情上有不少考驗。兩人之間因為謠言產生猜忌，加上聚少離多，導致爭吵不斷，只要冷靜下來傾聽對方，一切都有轉機。

功名★★★★

在貴人的幫助下，將一路過關斬將，尤其是異地的工作，成功機率更大，只要持續保持謙遜，便能受到更多幫助。

健康★★★

雖無重大的健康危機，但仍須維持正常作息，持續累積健康財；留意工作與生活兩端的平衡，時時提醒自己勿過度勞累。

4月 April

事業★★★★

需面對工作上的變動，但以好事居多，如調動到更有發揮空間的單位，或是自行創業，都將會有很好的發展。

財運★★

財運不佳，盡量不要和朋友們有金錢方面的往來，如借錢、跟會等等，可以避免損失大筆金錢，或者親友因錢反目。

愛情★★★

愛情運勢漸入佳境，有空的話應多安排兩人的單獨旅行，除了增進感情，更能加深彼此的了解與信任，製造珍貴回憶。

功名★★★
較好的發展機會在外地，學生朋友們可考慮出國留學；工作的朋友們，多留心國際方面的職缺，更好的舞台正在向你招手喔！

健康★★
因為生活與工作的忙碌，疏於照顧身體，加上接連的噩耗讓你身心俱疲，需要適當的休息，讓心境轉好，身體也會跟著更有精神。

5月 May

事業★★★★
工作上再度出現貴人守護，務必把握良機，大放異彩。即便會產生一些變革也無妨，有改變才能看見生機。

財運★★★★★
財運運勢極旺，除了有不少意外收入，積蓄也會快速累積，請安排更保值的理財方式，讓錢滾錢，成為名符其實的小富翁。

愛情★★★
愛情方面，可以放心享受另一半無微不至的照顧，當然也可以回饋給對方甜蜜的驚喜，替感情打下堅固的基礎。

功名★★★
貴人在功名方面提供幫助，可將身邊的貴人當作諮詢請益的對象，好讓自己的優點更加凸顯，便能夠成功擊退競爭者。

健康★★
這個月唯獨健康方面需要特別留心。應維持良好的作息，再小的感冒也別輕忽，以免演變成嚴重的疾病，得不償失。

6月 June

事業★★★

在藝術或創意領域耕耘的羊朋友們，請拿出自信盡情施展你的才華，將能打下一片江山，憑藉專業的工作者，也會因為卓越的能力受到肯定。

財運★★★

財運運勢依然不差，若做足功課，可在專業人士的建議下，先以少許資金嘗試投資，只要不貪心，就會有不錯的收穫。

愛情★★

愛情遭逢波折，可能與另一半相聚較少，影響了彼此感情，單身的朋友也可能被心儀對象拒絕，但只要保持正向態度，仍有好轉的機會。

功名★★

爭取晉升的過程，會有力不從心的感受，然而從中結識了優秀的競爭者，並學習到寶貴經驗，也是很好的收穫。

健康★★

生理、心理都可能遭遇病痛，日常出行要特別謹慎小心，以免受傷。若遇到傷心事，宣洩情緒後重新振作，均有轉圜的餘地。

7月 July

事業★★★★

事業上吉星高照，工作的表現無可挑剔，就連大老闆都對你讚譽有加。只要不驕傲，提出的創意確實執行，成功就不遠了。

財運★★★

雖然財運不差，但還是需要保持良好的消費習慣，不衝動購買，有時看似小小的花費，累積下來也很可觀。

愛情★★★★★

有愛情吉星高照，在愛情裡無往不利。單身者可順利遇到好對象，情侶們有望成為相伴一生的夫妻，已婚朋友也有好事降臨喔！

功名★★★

能力優異的羊朋友們，在這個月爭取晉升或考試，都不會有大問題。只要展現團隊合作的能力，就可以為自己的評價加分。

健康★★

應多與朋友往來，避免太過孤單引發憂鬱或壓力，適當的社交對身心健康是有幫助的，別獨自一人關在家中，容易悶出病來。

8月 August

事業★★

面對較差的工作運勢，要做好心理準備了。開始會有諸事不順的感覺，要保持樂觀積極，才有機會越過無法突破的困境。

財運★★

有可能會動用備用金，以因應無法預期的意外支出，但不必過於慌張，平常只要花錢不浪費，便可順利度過。

愛情★★★

因為工作與生活連連出狀況，也連帶影響了與另一半的相處品質。建議多與對方分享心事，說不定能得到好建議，也能加深兩人的感情。

功名★★

請記住「失敗為成功之母」這句名言。

客觀審視自己的失敗，從中找出可以改善的地方，下一次就能表現得更優異。

健康★★

除了自己，家人也易患有傷病。一家人都要注意飲食與睡眠，盡量到戶外走走，吸收來自大自然的好能量，會更健康有活力。

9月 September

事業★★★

工作的好運回來了！前月被擱置的專案構想，或是遲遲無法推動的任務，都能順利啟動，只要花點心思打點好人際關係，就能事事順利。

財運★★

財運運勢依舊不彰，但多虧了過去良好的儲蓄習慣，即使有許多不得已的開銷，也不致影響生活品質，只要耐心等待，財神終會回到身邊。

愛情★★★

雖然在感情裡偶有受到束縛的感受，但那也是另一半展現照顧與呵護的表現，不妨安心享受，也是回應對方的一種方式。

功名★★

功名運勢不佳，即使事前準備充分，也會感到無法正常發揮，然而只要保持穩定積極的心態，事情仍有轉機。

健康★★

健康狀況頻頻，是身體的一種提醒。是不是太久沒運動了？或是最近經常熬夜、過度操勞？只要回歸正常作息，身體很快就能恢復。

10月 October

事業★★★★

事業運勢很好，依舊意氣風發，但樹大招風，仍要注意言行舉止、謹慎說話，否則會落人口實，讓小人有機會造謠生事。

財運★★★

財運運程總算稍有起色，有些意外收入，生活可以不必那麼克勤克儉，但還是要量入為出，持續儲蓄，才能創造更多財富。

愛情★★★

戀情越來越穩定，讓人徹底沉浸在安全感中，喜不自勝。單身的朋友也終於得到對方的心，長久以來期盼的浪漫約會，終於能夠實現。

功名★★★

不妨嘗試積極爭取晉升。亮出累積多時的成就與功績，可以讓人刮目相看，只要不得意忘形，絕對不會錯失好機會。

健康★★

天氣變化較大，一時的疏忽加上體力透支，恐容易病痛纏身。只要遵守醫生的叮嚀，好好休養，很快就能恢復健康。

11月 November

事業★★★

事業運勢依舊不錯，只需要留意是否會有官司訴訟，或舊時恩怨重新浮上檯面。保持正向態度面對，定可化險為夷。

財運★★

財運運勢開始下降，將會面臨許多無法

避免的開銷，讓積蓄一天天減少，雖然心急，只要不鋪張浪費，存款還不至於見底。

愛情★★

兩人最近爭吵頻繁，有些需要磨合的地方，還需要時間慢慢找到相處之道。相處時記得靜下心來，仔細傾聽，以同理心理解，就能和好如初。

功名★★★

若有考試升等或晉升的計畫，請把握這個月的好運勢，奮力一搏！只要付出努力，準備齊全，一定榜上有名。

健康★★

受到凶星的影響，可能遭遇舊疾復發，或是意外受傷。只要平心靜氣的面對，正向的態度對於身體的恢復，也很有幫助。

12月 December

事業★★

事業運勢吉凶參半的這個月，在工作上務必萬分謹慎，遇到阻擾也不必煩躁，以靜制動，就能找到破解的一線生機。

財運★★

遭遇許多花錢之事，可能是傢俱或器物損壞，也可能是不慎遺失錢財，只要多加小心，就能減少許多不必要的損失。

愛情★★★

伴侶帶給你不少甜蜜的驚喜，讓你充分感受到談戀愛的美好。也請以同等的心意回報，兩人的感情才會更加堅不可摧。

功名★★

在求取功名的路上有許多波折與阻礙，

會讓你疲憊不堪，不過若決定參與了，就轉個念，抱著累積經驗的角度出發，當能收穫滿滿。

健康★★★

健康狀況逐步開始好轉，請繼續保持良好的飲食與作息，勤加運動，隨著氣溫變化增減衣物，就能度過一個健康活力的好年。

猴 流月運勢

1月 January

事業★★★

勇於接受職場的變動，舉凡轉職、轉調、升遷等等，對你大有益處，畢竟有新的挑戰，就代表有新的成就，可以開創一方局面。

財運★★

財運稍差讓人沮喪，但仍必須打起精神，否則容易發生遺失貴重物品、揮霍無度的狀況，同時也要小心因色破財。

愛情★★★

感情生活美滿，可以安心享受另一半的照顧，記得適時表達情意，讓對方感受到你也重視這份感情，雙方都不吝於付出，才能夠走得長久。

功名★★★

雖然有許多變動需要適應，但也是一個轉換的好時機。建議可以將眼光放眼國際，說不定會發現更寬廣的舞台。

健康★★★

健康方面並無大礙，唯獨有意外血光的危機，建議減少行船戲水的行程，切忌酒色，方能避開傷害，平安度過。

2月 February

事業★★★★★

有重量級貴人將成為你的左膀右臂，讓你的工作運勢大好，好運不斷，只要不因此縱逸享樂，貴人就會與你同在。

財運★★★★

在貴人的幫助下，財運也跟著好轉，各方收入都很豐厚，只要理財得宜，量入為出，不鋪張浪費，本月的財富增長很可觀。

愛情★★★★

感情運勢極佳，如魚得水，兩人生活甜蜜且和諧，有了共同努力的目標，互相扶持體諒，再忙、再累都甘之如飴。

功名★★★★

貴人的幫助也顯現在升遷上，只要耐著性子不躁進，認真準備，拿出積極誠懇的態度，再多的競爭者都不會對你造成威脅。

健康★★★★

健康運勢雖然不錯，但如果不知愛惜身體，還是難防意外。要記得睡眠充足、飲食均衡，才能避免因為心神不寧造成的小血光。

3月 March

事業★★★

事業運勢持平，要小心惡意批評或八卦流言，殺傷力都不小。應更主動融入群體，和大家維持良好的互動，方能減輕流言的傷害。

財運★★★

如果想要有更進一步的理財規劃，還是要諮詢專業人士，即便自己擁有理財專業，也不要排斥別人的意見，避免自己判斷失誤，折損金錢。

愛情★★

感情生活上可能稍嫌孤單，有伴的人則會因為對方工作忙碌或頻繁出差而落單。其實只要有心，簡單的訊息也能聯絡感情。

功名★★★

功名運勢不俗，若有想爭取的晉升，務必積極努力，拿出自信勇於表現自己，就有機會擊敗對手，獲得主管青睞而升職。

健康★★★

健康運勢良好，可以不必擔心疾病來犯，但需要防範小血光，使用尖刀利器時更加專注小心，不輕忽大意，就能避免受傷。

4月 April

事業★★★★★

這個月有不只一位貴人相助，不必花太多力氣就能達成目標，只要小心不要捲入同事間的口舌之爭，必能功成名就。

財運★★★★★

財運運勢正旺，收穫了不少投資收益，

工作上的獎金也很豐厚，就連發票和彩券都有機會中大獎，不妨小試身手。

愛情★★★

和伴侶之間偶有爭吵，但大部分的時光還是很幸福。兩人的爭執多半來自於家人或鄰居，只要相互體諒就不致受到影響。

功名★★★

在貴人的庇護和指引之下，可以得到不錯的引薦機會，若是適合你的職位，不必推諉，應積極爭取，貴人亦是看重你的能力優異，才會主動推薦。

健康★★★

要注意是否壓力過大，瑣事一多容易讓人煩悶，記得出門散個步，轉移注意力，壓力逐漸釋放時，心情也能得到轉換。

5月 May

事業★★★

職場的聲望一直不錯，這個月也能有好表現，但還是要小心伺機而動的小人，處理好人際關係，就可減少小人作亂的機率。

財運★★

會有損失財物的風險，小心保管好隨身物品與家中財物，可降低被竊機率。此外，官司、交通意外也會造成意外的破財，需謹慎預防。

愛情★★★

感情生活維持幸福穩定，兩個人可以多接觸對方的家人與好友，進一步理解對方的生活圈，也替兩人的將來及早計畫做打算。

功名★★★

建議可以積極爭取晉升機會，雖然優秀競爭者頻頻出現，但並不是完全沒有勝算，即使當作累積實戰經驗，也值得花時間參與。

健康★★

有血光之災，要遠離廠房內的大型機具，萬一受傷可能導致嚴重後果。處於高風險工作環境的朋友，請拿出百分百的專注力保護自己，安全措施不能省。

6月 June

事業★★★

若想在工作上有所突破，這個月將是個好時機，加上貴人的幫助，無論是流程創新或是新產品，都有機率被採納，也能獲得很好的評價。

財運★★★

財運運程絕佳，有發財的運勢，不妨在諮詢專家後，進行小額的投資，只要不貪心，按部就班，有機會獲得不少的回報。

愛情★★★★★

單身的朋友，即將迎來朵朵桃花，已婚或有伴侶的朋友，盡情享受幸福美滿的戀情吧！只要不隨意和他人曖昧或劈腿，這個月將會幸福無比。

功名★★★★

近日是爭取升遷的好時機，要參加考試的學生們亦同。只要做足準備，事前演練與模擬，就能順利得到好成績。

健康★★

因抵抗力下降而招致疾病，還有血光危機存在，嚴重一點可能需要動手術，務必要多休養生息，就能減少病痛，平安度過。

7月 July

事業★★

因「太歲」星來犯，大大影響事業運勢，心情難免受到波及，建議換個角度思考，這也是種另類學習，只要能挺過去，就是自我的成長。

財運★★★

財運運勢持平，收入穩定且豐厚，只要不過度揮霍浪費，從日常生活中做起，掌握收支平衡的大原則，便能穩扎穩打守住積蓄。

愛情★★

戀情備受考驗，有許多小人暗中造謠生事，就連不相干的人也以流言中傷，建議以伴侶的感受優先，便不必擔心兩人關係受到破壞。

功名★★

功名運勢走低，若要爭取晉升或參加考試，勝算不大。但事無絕對，只要拿出誠意與積極態度，說不定有機會突圍，順利過關。

健康★★

受到惡疾纏身與飛來橫禍的危險，建議平常要多鍛鍊體魄，遇到糾紛及爭執不宜多管閒事，方能避開大部分的危機。

8月 August

事業★★★★

事業的好運勢回來了！懷抱創業想法的猴朋友們，所需要的資源將會陸續就位，應趁勢把握住天賜良機，能夠闖出自己的一片天。

財運★★★★

幸得不少吉星入駐，財運運勢跟著水漲船高。只要維持一貫的儲蓄習慣，量入為出，不過度消費，財富增加的速度超乎想像。

愛情★★★

兩人感情穩定，不過身邊一直有新桃花不斷出現，記得要拿捏好分寸，以避免影響目前的戀情，維持幸福美滿的日子。

功名★★★

晉升的機會不多，不過能選擇的條件都相當優渥，建議平常多花時間認真準備，帶著十足信心應戰，可以獲得好成績。

健康★★

常有苦悶困頓之感，壓抑久了不只造成心理壓力，也對身體產生不良影響，建議找朋友聊聊天，宣洩一下，有益身心健康。

9月 September

事業★★★

雖有不少凶星來犯，但事業運勢依舊不差，只要以積極樂觀的態度應對，遇事冷靜沉著，維持一貫表現，還是能享有很好的聲望。

財運★★

財運相對變差，會有諸多不得已的開銷，而且負面消息居多，除了心情盡量不要受到影響外，量入為出永遠是最好的金錢運用原則。

愛情★★

愛情運勢受到凶星環伺影響，單身的朋友還需要耐心等待緣分。有伴的朋友感情生活逐漸平淡，建議拓展話題，有機會重拾往日的親密。

功名★★★

功名運勢略有起色，要善加利用。有好的機會出現時，應該全力把握，積極應戰，將能在眾多競爭者中被看見。

健康★★

要留意家中長輩的健康狀況，即使是小症狀也不能輕忽，當然自己的身體也不要過度勞累，作息正常就可平安度過。

10月 October

事業★★

可能有感事業好運用盡了，原本順利的專案，現在卻處處碰壁。需要沉住氣，將眼前的困難逐個擊破，一切就會順利許多。

財運★★★

因為自己的失誤而損失不少金錢，讓人十分難受。記得在判斷的當下，謹慎一點、反覆檢查，就能減少破財機會了。

愛情★★

兩人的感情承受了不少外部壓力，也讓彼此感到疲憊。無論壓力來源是什麼，如果有心繼續交往，應攜手前行，一起克服困難。

功名★★★

雖然事業上施展不開，但是功名運勢還是不俗。可別因為壓力而失去鬥志，面對挑戰還是要努力拚搏，讓自己有機會一展長才。

健康★★

健康威脅依舊存在，有壓力帶來的情緒起伏，也有血光危機，不過只要平日行事謹慎不衝動，就可減少許多受傷的機會。

11月 November

事業★★★★

事業運勢開始好轉，深受重託，執掌重要專案時，要多留意身邊虎視眈眈的小人，需做好防範措施，才可安心衝刺。

財運★★★★★

有財運吉星入駐，財富因而能快速積聚，置產將會是理財環節中重要的下一步，別忘了請專業人士協助，確認風險。

愛情★★★

兩人的感情生活，歷經許多波折後，雖然少了點熱戀時的甜蜜，但有了更多的信任，彼此都更堅信對方是值得相守的對象。

功名★★★★

功名運勢很旺，除了主動爭取的晉升之外，也有不少挖角的機會向你招手，可以將各項條件一起評估，選擇對你最有利者。

健康★★★

除了不斷出現的紛擾影響心情之外，身心狀態算是不錯。可以增加日常的體能鍛鍊，用更健康身體迎接將來的好運。

12月 December

事業★★★

有能夠逢凶化吉的貴人出現，讓你在工作上順遂許多，只要好好維持人際關係，化解過去的恩怨，就能一切順利。

財運★★

財運稍差，也許投資會有小部分損失，建議即時停損，日後再做考量，可減少更多的損失。日常開銷量入為出，便還有機會可以存錢。

愛情★★★

感情越來越穩定的兩人，可能會有讓人期待的喜事發生，也許是締結婚約，也許是有了愛的結晶，都是值得慶賀的好事。

功名★★★

功名運勢持盈保泰，適合你的機會不在眼前，而是在異地或遠方，可以積極爭取嘗試，將會有更長期穩定的發展。

健康★★

明顯感受到體力與精神消耗得很快，務必要適當休息，否則會受病痛纏身，平時更要多運動鍛鍊體力，才能增加免疫力，阻絕疾病。

雞 流月運勢

1月 January

事業★★★

工作大致順利，雖有部分凶險，但都能夠化險為夷，只需要小心過去的陳年舊怨會捲土重來，小心防範便可以順利度過。

財運★★★

財運運勢不錯，雖然可能會有破財的危機，但只要行事端正，不投機取巧，在正財運上還是有機會可以守住金錢。

愛情★★★

感情生活順遂，會收到許多來自另一半的驚喜，讓你倍受寵愛，也記得要給予對方同等的回報，兩人感情才會更加堅定。

功名★★

功名機運不佳，能爭取的機會不多，或可能來不及準備，以致表現失常，功敗垂成。不用氣餒，挑戰總是一回生二回熟。

健康★★

健康狀況不佳，務必維持良好作息，勤加運動、均衡飲食，才能從根本改善身體狀況，用健康的身體迎接每一天。

2月 February

事業★★★

雖然運勢吉凶參半，不過工作上仍有好運相助，遇到阻礙時，不要慌張或煩躁，靜下心來就能發現癥結點，順利克服解決。

財運★★

有不少需要花錢的場合，還都是不小的開銷，財富無法積聚，投資也容易大起大落，請記得謹慎花費，免得荷包失血。

愛情★★★

愛情方面會傳來好消息。無論單身或是有伴，只要用心經營，都可以享受愛情的甜蜜，成為工作與生活中的最佳調味劑。

功名★★

眼前的晉升機會，競爭者眾，勝算不大，也許可以看看其他領域或外地的機會，說不定會有更適合你的選擇出現。

健康★★

除了身體些微抱恙，心理的壓力也不小，應維持適當的運動，不要暴飲暴食。偶爾到郊外走走，是讓身心舒暢的最佳選擇。

3月 March

事業★★★★★

在事業上有大展身手的時機，加上前輩提攜，讓你的工作順利圓滿，只要不因此驕傲自滿，貴人便會持續提拔。

財運★★★★★

工作收入隨著職位變化與表現翻倍增加，平常的投資也都達到獲利標準，收穫頗豐，保持良好的消費習慣，財富自然聚集。

愛情★★★★

感情路上無比順利，另一半除了給予情感面的支持，還能在實際的生活與工作上提供幫助，讓你無後顧之憂的衝刺。

功名★★★★

工作的成就已經為你帶來了晉升的機

會，也有不少在遠方的選擇朝你招手，建議可以多嘗試不一樣的挑戰，選擇最好的機會。

健康★★★

有些微血光與健康惡化的危機存在。只要不因工作而顛倒作息，出門在外謹慎小心，就可以避免許多災厄，平安度過。

4月 April

事業★★★

工作運勢持續維持好運，不過這個月會出現許多惡意批評的聲浪，對你的名聲傷害不小，只要拿出證據自證清白，就能扳回一城。

財運★★★

這個月收入穩定，額外的獎金雖少，但是荷包依舊充實。可能會有因意外而損失金錢的狀況，要多留意自身財物，保持警覺。

愛情★★★

另一半的支持是相當大的動力來源，本月另一半依舊能成為你最強大的後盾，記得花點心思表達對伴侶的感謝。

功名★★

受到流言的影響，在求取功名的路上多有干擾，記得放軟身段，事緩則圓，努力表現依舊有機會翻盤，成功獲得晉升。

健康★★

身體狀況欠佳，會有大小疾病上身，體力與精神都不好，請務必休養生息，給自己一個健康的身體，才能享受功成名就。

5月 May

事業★★★★

得吉星照耀，工作上心想事成，也有貴人相助，只需防止禍從口出，避免同事紛爭或小人造謠，才不致影響你的聲望。

財運★★★

財運尚佳，在眾多吉星的守護下，可以考慮進一步的理財規劃或置產，讓財富以更有效的方式聚積，讓你能早日財富自由。

愛情★★★★★

在「紅鸞」星的守護之下，戀情與婚姻幸福洋溢美滿，羨煞他人。有喜慶之事會發生，已婚的朋友，添丁、發財都有可能。

功名★★★

有許多貴人提供幫助，獲得高人指點或是受到引薦，打通人脈，因此獲得良機，只要虛心請益，最後都會有好結果。

健康★★★

健康狀態穩定，但生活中仍然會有不少讓人煩心憂慮的事情，只要適當的宣洩情緒，釋放壓力，身心狀態都能一起恢復。

6月 June

事業★★★

身邊雖然沒有貴人相助，但憑藉平常累積的經驗與人脈，依舊能表現亮眼，獲得青睞，持續保持樂觀積極的態度，好運就不會消散。

財運★★★

財運運勢持平，沒有意外之財但也不會有大筆的破財，適合盤點所有的財產，做適當的調配，只要平常量入為出，就能減少災星帶來的影響。

愛情★★

愛情運勢起起伏伏，感情的維繫可能會遇到波折。對於親密關係開始感到些許厭煩，請先冷靜思考過後，再與對方詳談。

功名★★★

可以嘗試爭取晉升或參加考試，好運會一直伴隨著你。只要認真準備，勤練基本功，加上豐富的資歷，有機會脫穎而出。

健康★★

請多關注自己的健康，容易有血光危機出現，務必提高警覺，行事謹慎不衝動，開車、走路留意四面八方，當可化解許多災厄。

7月 July

事業★★★★

受到貴人大力幫忙，協助你拓展新的業務，為你帶來各種突破，過程中要慎防小人暗算，留心交往之人，以便防範。

財運★★★★

財運運勢佳，正財、偏財都有不錯的入帳。副業的收入也很豐厚，可以考慮用來擴大經營，個人開銷方面，記得量入為出即可。

愛情★★★

愛情穩定，感情持續加溫中。兩人都有意願成為彼此的人生伴侶，只要放鬆心情，細細討論，一切就能順利圓滿。

功名★★★

求取功名的路上，會有些不同的變動，

不過這些變動都將會帶來好運，只要持續努力，不畏流言，可望順利晉級。

健康★★

健康運勢依舊不佳，這個月更要留意血光之災。擁有充足睡眠，讓自己精神飽滿，可以避免意外帶來的血光災禍。

8月 August

事業★★★★

展現出管理能力，不只幫助了同事，更讓專案進度大幅超前，受到主管的矚目，記得持續努力，將可以享受成功。

財運★★★★★

金錢運勢財運亨通，在存款數字不斷攀升的同時，更要謹慎行事，平日即秉持正確的金錢觀念，取之有道，財富就不會縮水。

愛情★★★

感情生活依舊平穩順遂，與伴侶的相處更有默契，也更能體諒對方，偶爾製造點浪漫驚喜，可以增加生活情趣。

功名★★★★

與工作相輔相成的功名運勢，有諸多機會在等著你大展身手。甚至有來自官界的邀請，要爭取都不是難事，端看你如何選擇。

健康★★

健康狀況需要多加關注，除了疾病的干擾之外，也會有受傷的可能，建議不要參加高危險性的活動，可避免許多血光。

9月 September

事業★★★

這個月有貴人與吉星相伴，是個實現創

業理想的好時機，準備充分之後，要勇敢前進，放手一搏，相信會有不錯的成績。

財運★★★★

財運暢旺，有許多金錢能夠運用在投資理財上，只要不貪圖高獲利、鋌而走險，財富就能在穩定中持續累積。

愛情★★★★

單身的人在這個月終於告白成功，得到對方的心。處在熱戀期中的你們，走到哪都形影不離，讓人無比羨慕。

功名★★★

有利於考試的吉星高照，學生們只要認真讀書，成績可有長足進步。工作上如遇到與考核相關的事情，也都能順利過關。

健康★★★

健康終於好轉，體力與精神都回來了，偶爾若是陷入憂鬱苦悶之中，可以透過爬山、野餐等戶外活動轉換心情，舒展筋骨。

10月 October

事業★★★

事業運勢雖然沒有前月好，不過依舊有貴人幫襯，許多困難都能輕易化解，不過本月工作變動較大，應勇於接受改變，才能獲得大成就。

財運★★★

金錢運勢依舊不錯，變動的星相也帶動了財運的流轉，有不少收入進帳；只要謹慎使用，都能順利的累積下來。

愛情★★

愛情生活遭逢挫折，和另一半有些許爭

吵，甚至產生同床異夢的疏離感。建議調整好心態，用正面的態度相處，就能減少很多爭執。

功名★★★

功名運勢有利於爭取升遷，尤其是有計畫到外地發展的人，帶著足夠的自信與資歷，多半都能在異地謀得更好的職位。

健康★★

容易出現傷病狀況，家中抵抗力較弱的長輩，也可能因為天氣變化太快而生病。平時可多外出曬曬太陽、留意增減衣物，減少生病的機率。

11月 November

事業★★★

貴人依然相伴左右，幫助你減少凶星的影響，雖然偶有外部壓力讓你感到束縛，只要積極面對，問題一定能夠順利解決。

財運★★★

財運運勢持平，還有機會可以發點小財，有空時不妨買張彩券試試手氣，平日只要有固定儲蓄，要成為小富翁並不困難。

愛情★★★★

有愛情相關的吉星入駐，你將會沉浸在幸福之中，已婚的朋友們，也會有發財或是升職等好事出現，要把握機會。

功名★★★

有意讓自己的地位更上層樓的雞朋友，可以展現出明確的企圖心，無論是轉調到更大的部門，或是擔任主管，成功機率都很高。

健康★★

健康亮起紅燈，是不是又熬夜了？或是最近飲食有點失控？小小放鬆雖無傷大雅，但要懂得節制，才不會拖垮身體。

12月 December

事業★★★★

事業運勢十分亮眼，但要特別留意是否有小人暗中作亂，只要在人際關係上應對得宜，就能減輕不少小人帶來的影響。

財運★★★

正財收入一如過往穩定豐厚，但可能會有金錢糾紛出現。這個月與人的金錢往來，務必再三確認，避免上當受騙。

愛情★★★

感情生活維持著平順甜美，已經步入穩定期的情侶們，可以安排浪漫的約會或小旅行，重溫熱戀時期的感覺。

功名★★★

才華洋溢的你，可以盡情展現創意，尤其運用在講究創新的晉升機會上，將會受到肯定，有很大的機率雀屏中選。

健康★★

起伏不定的健康狀況，多少會影響各方面的運勢。請務必維持正常作息，盡快將身體調整到最好的狀態，才能迎接各方好運。

狗 流月運勢

1月 January

事業★★★

新年的第一個月，事業運勢看好，不僅獲得長官支持，廠商也全力配合，只要不隨口承諾或口沒遮攔，好運就會一直跟隨。

財運★★

雖然收入穩定，但會收到幾張罰單，或需繳錢的帳單等等，讓你有所損失。記得遵守交通規則，方可減少金錢耗損。

愛情★★

愛情運勢遭遇波折，單身的朋友會再次被拒絕；有伴的朋友，容易和對方發生爭執。試著設身處地為對方考慮，不賭氣，很多爭吵都可以避免。

功名★★★

事業運勢好，連帶功名運勢也看漲，可以多留意升遷資訊，或是增加專業能力的證照考試。準備充分，就能順利過關。

健康★

面臨不少健康狀況，體力和精神都不好，抵抗力也很差，舊疾新症都找上門，務必要配合醫囑調養身體，不可拖沓消極應付。

2月 February

事業★★★

想在工作上有好表現，要把握每一次發

揮的機會。有貴人臨門，很多事情都能順利進行，要勇於提出想法，讓長官看見你的能力。

財運★★

財運運勢尚未好轉，記得理性消費，購物前一定要再三考慮，無論如何都要養成儲蓄的好習慣，才有機會留住財富。

愛情★★

單身的朋友遇到了很多競爭者，要追求到夢中情人有點難度，得失心不要太重。愛情講究緣分，說不定因此才能遇見真愛呢！

功名★★★

宜積極表現，雖然資歷不足，不過有興趣的職缺依舊可以勇敢爭取，有貴人守護，加上自身的努力，晉升機會很大。

健康★★

多注意睡眠狀況，若有睡眠障礙務必要求助醫師，以免睡眠不足影響精神與體力，很有可能因此受傷或生病。

3月 March

事業★★★

吉凶參半的這個月，工作運勢不差，即使遇到困難或阻礙，多半能憑藉著經驗與人脈順利突圍，只要謙虛不居功，自能一帆風順。

財運★

本月受到凶星影響，會有許多金錢損失，可能是事業虧損，也有可能是個人財物遭竊，無論如何，以正向的心態處理，就會有轉機出現。

愛情★★

可能面臨伴侶的質疑，除了解釋清楚之外，也要反省是否易讓異性產生誤會，調整應對的態度，以實際行動化解另一半心中的疑慮。

功名★★

無論工作或學業，這個月所面對的考核或面試，均有許多不利因素出現。建議保持正能量，也許有機會順利過關。

健康★★

各方面明顯動盪不安，影響自身心情，壓力也使身體疲憊不堪，此時更要努力保持健康作息及正向情緒，才有體力應對。

4月 April

事業★★★★★

有強大的吉星守護，且有許多貴人出現，將一展大將之風，帶領團隊創下佳績，大家都對你心悅誠服，連大老闆也不例外喔！

財運★★★★

隨著事業成就飛漲，收入也跟著增加，若有任何理財或置產的計畫，還是要向專家或長輩請益，才能收益翻倍，防止損失。

愛情★★★★★

過去都要主動出擊的單身朋友，本月可以享受被追求的樂趣，其中不乏你暗戀許久的對象，記得先實際相處過後，再點頭答應交往喔！

功名★★★

立下不少功勞，在晉升路上已經少有阻礙，也有機會正在向你招手，記得以發展性與志趣為主要考量，做出最適合的選擇。

健康★★★

身體健康開始好轉，代表著長久以來堅持的良好生活習慣奏效了，請持續堅持下去，畢竟有好的身體才有辦法享受生活。

5月 May

事業★★★★

好運持續，勿驕傲或鬆懈，拿出優異的統合和領導能力，把一直無法解決的難題梳理清楚，能為自己、為公司立下里程碑。

財運★★★★★

有財運吉星入駐，無論是累積財富或是購置不動產，都能順心如意。需要小心合約上與金錢相關的規定，才能持續聚財。

愛情★★★

女性朋友們在感情相處上稍微強勢，即使出發點是為了兩人著想，也可以試著溝通後再行動也不遲，以柔克剛能讓兩人感情更加甜蜜。

功名★★★★

可以積極參加需要面試的考核，你將因為機智的現場反應以及果決的判斷力，獲得考官們的一致好評，順利過關。

健康★★★

身體健康不會有大問題，但出門在外要小心交通意外，無論走路或駕車，只要多留心路況，專注不分神，就能平安避險。

6月 June

事業★★★

事業運勢雖然不如前月，但依舊有貴人相伴，助你化險為夷，只要說話謹慎，就可以避免口舌之爭，順利度過職場難關。

財運★★★

財運持平的這個月，靠著養成儲蓄的習慣，不鋪張浪費，財富就能持續累積，萬一有需要花錢的地方，也不至於無法支應。

愛★★

兩人之間有些小口角發生，要冷靜下來細究原因，若是因為謠言造成誤會，務必耐心溝通清楚，才能盡釋前嫌、和好如初。

功名★★★

有吉星與貴人相助，若想爭取升遷，可以放手一搏。過程中或許會有謠言出現，只要理性判斷，應得的成績就不致受到影響。

健康★★

在忙碌的生活中要特別留意身心健康，安排休息時間，出外也要謹慎小心，不要匆忙搶快，就可以避開許多受傷的可能。

7月 July

事業★★

事業運勢較為低落，在職場上需更加謹言慎行，遇到刁難或阻礙，需以靜制動，才不會讓暗處的小人有機可乘。

財運★★★

先前的投資安排，逐漸開始有收益進帳，請謹記投資的原則，不貪心躁進，加上良好的消費習慣，財富就能持續增加。

愛情★★

感情路上不順遂是正常的，請多包容對方的小缺點，不要處處挑剔。換個角度看待，這些不完美之處，有時候也是一種生活情趣。

功名★★

在爭取晉升方面，會因為人際關係的好壞影響結果。因有小人來犯，導致過程波折，不過若能保持自信，錄取的機會可以提高許多。

健康★★

近來可能會發生悲傷之事，讓你夜不成眠，連帶影響精神與體力，請適當釋放壓力，用健康的身心來面對難題，才能順利圓滿。

8月 August

事業★★★

幸運受到貴人眷顧，在工作上可以將醞釀已久的新點子，或是改革想法提出，會受到大家的肯定與支持，能開創成功的局面。

財運★★★★

本月有機會可以一嘗富有滋味，可能會有一筆意外收入，讓你收穫頗豐，只要保持正確的金錢觀念，這些財富就能夠長長久久。

愛情★★★

和另一半可能聚少離多，鮮少相處的結果，讓彼此都有點生疏，記得找時間重溫兩人美好的甜蜜時光，讓愛情保鮮。

功名★★

要面對不斷出現的變動，可能是規則改變，或是錄取分數提高等等，不過平時的累積是你最好的後盾，發揮實力，還是能夠順利過關。

健康★

有「病符」凶星來犯，不只抵抗力較差、小病不斷，還可能會有需要手術的病痛，平日務必要有正常作息、均衡飲食，才能減少病痛。

9月 September

事業★★★

事業運勢不俗，雖然沒有貴人相助，但是憑藉著自身才華與行事的魄力，也替自己創造了不錯的成就，成為眾人目光的焦點。

財運★★★

財運平穩，但可能會有些免不了的開銷，好在金額不大，不至於消耗太多存款。只要量入為出，懂得開源節流，財富會持續增加。

愛情★★★

生活的忙碌讓人無暇顧及感情，但好在另一半體貼諒解，讓你放心不少。記得找時間陪伴對方，別辜負對方的一番好意。

功名★★

功名之路面臨許多阻礙，從報名到參加應試，大小麻煩不斷，讓心情受到打擊。記得以正向態度面對，並非沒有逆轉勝的機會。

健康★

大小病痛不斷，有可能會有意外血光，

凡事務必小心謹慎，若遇疾病，聽從醫生指示好好治療，就可快速恢復健康。

10月 October

事業★★★★

有大利各方的吉神出現，眾多凶厄都能瞬間化解。記得腳踏實地努力工作，不做無謂的幻想，在好運幫助下，都能心想事成。

財運★★★

雖然財運運勢不差，但有不少喜慶相關的紅包支出，花費可觀。可以當作分享祝福，自己也會得到相對的好運。

愛情★★★

和另一半的相處機會不多，但是兩人都有心經營，善用各種聯繫方式保持聯絡，依舊天天甜言蜜語，羨煞旁人。

功名★★★

在打拚工作的同時，優異的能力被不少同業看見，會有些挖角的機會出現，內部也有晉升職缺，可以一起考慮，選擇最適合自己的發展。

健康★★★

身體恢復了健康，是時候增加運動時間和強度了，需要時可向專業人士請教，趁著這個月提升體力，迎接未來的好運。

11月 November

事業★★★

不只有貴人相助，還有能夠化解災厄的吉星入駐，雖然工作上還是有些困難險阻，不過秉持著積極樂觀的態度，還是能有一番作為。

財運★★★

要提防錢財才進來，又得送出去的狀況。日常生活裡，只要不過度飲酒作樂，著迷於精品、大餐，就能阻止金錢的流失。

愛情★★

單身的朋友會因為各種原因，不得不放棄追求心上人；有伴的人則會因為爭執或溝通不良感到心煩。適時抒發一下情緒，彼此的關係將會海闊天空。

功名★★★

這個月可以充實專業知識，或精進語文的課程及考試，都能順利得到高分。在晉升上，也可以試著爭取更高的位階，成功機會頗大。

健康★★

健康狀況有點走下坡，請注意氣溫的轉變，不要輕忽各種症狀，與醫生確認病情並配合吃藥，才能早日重獲健康。

12月 December

事業★★★

有吉神守護，如果在職場上結交到了志趣相投的女性朋友，現在是個共同創業的好時機，可朝這個方向努力，會有好結果。

財運★★

財運雖然不甚理想，但多虧了長久以來的良好儲蓄習慣，不至於在這個月捉襟見肘，只要繼續量入為出，還是能累積存款。

愛情★★

感情路上遇到麻煩，可能是求婚不順利，或是雙方家人朋友間的爭執，不過沒有損及彼此的感情，認真溝通過後，就會找到解方。

功名★★★

功名運勢穩定持平，請把握今年最後的機會，拿出自信及實力，不只是爭取更好的職位，也能開拓新領域的發展。

健康★★

健康狀況稍有進步，但尚未完全恢復，平日還是要多休養、多吃原型食物，適當運動，讓身體回到正軌，迎接來年的好運勢。

豬 流月運勢

1月 January

事業★★★★

有貴人降臨，能讓你諸事順利，任何困難的工作都能處理得很好，只要待人相處上保持禮貌，就能提防小人暗中算計。

財運★★★★

財運大好，不只正財收入穩定，就連偏財也有不少收穫，只要好好規劃，不過度消費揮霍，就能累積更多財富。

愛情★★

感情不太順利，總覺得對方不夠體貼自己，一旦靜下心來想想，就會發現此前忽略了對方的感受，只要抽空多陪伴，就能如過往般甜蜜。

功名★★★

晉升考核會有不錯的成績，只要充分準備，保持積極的態度，應對進退得宜，不失態、不失儀，就能獲得好成績。

健康★★★

身體方面沒有大問題，但是要注意是否累積過多心理壓力，可以嘗試按摩放鬆，讓身心獲得撫慰，就能健康的度過。

2月 February

事業★★★★

事業運勢大好，可以好好發揮長才，除了專業能力之外，規劃能力與領導能力都很出色，維持樂觀積極，好運可以長長久久。

財運★★★★★

有財運吉星守護，除了豐厚的獎金收入，有斜槓副業的豬朋友，收入也能讓人滿意，可以在一年之初就累積一筆不小的財富。

愛情★★★

愛情運勢穩定，兩人進入了感情穩定期，除了相處甜蜜也加深彼此的依賴，能感受到有人照顧陪伴的溫暖。

功名★★★★

受到貴人幫助，可以藉著好運積極爭取嚮往的職位，或是挑戰各種證照考試，認真準備能夠換來理想的成果，高分過關。

健康★★★

健康方面，可能會染上小風寒，別輕忽大意。只要保持正常作息，有充足睡眠，就能有充分的體力與精神打拚事業。

3月 March

事業★★★

在工作上平穩順利，只要維持好人際關係，以樂觀的態度面對一切，即使是麻煩的工作，也會出現願意幫忙的同事，助你度過難關。

財運★★

財運不甚樂觀，在日常花費上需要稍微節制一點，只購買真正需要的東西，不輕易受到他人的誘惑，說不定還能留下一點積蓄。

愛情★★★★★

單身的朋友，請積極主動向心儀的對象表白，有愛情吉星的照耀，你很快就能享受愛情的滋潤。有伴侶的朋友，兩人如膠似漆，共享甜蜜生活。

功名★★★

有不少值得爭取的機會，建議可以考慮異地的選擇，說不定會有更好的條件；學生們可嘗試考取國外的學校，錄取機會頗大。

健康★★

小心舊疾復發，如果感覺到身體有一點不舒服，就得提高警覺，早點接受治療，或是安排精密的追蹤檢查，防患於未然。

4月 April

事業★★★★

可以明顯感受到事業運勢比前月更好。只要你以謙遜積極的態度對待所有同事與夥伴，事業成就將會更加理想。

財運★★

財運不如人意，可能會有許多不得已的

開銷，大部分是為了解決麻煩而必須支付金錢。不過換個角度想，花錢消災也不失為是讓生活更平順的方法。

愛情★★★

和另一半的感情雖然不如熱戀期，但是兩人攜手生活的感覺，辛苦中也帶著甜蜜，感情將進階到更成熟穩定的階段。

功名★★★

考運和升遷運都值得期待，如果有渴望的目標，可以積極爭取，發揮既有的實力，就能順利過關斬將，取得功名。

健康★★★

健康狀態不錯，小病小痛都離你遠去，建議可以增加運動時間，或是進一步改善飲食，可以讓你感覺到更年輕、更有活力。

5月 May

事業★★★★

有貴人相伴，尤其是長輩型貴人，能不藏私的提拔你，給你最大的資源，請心懷感恩努力不懈，用成就來報答長輩們的提攜。

財運★★★★

隨著工作表現亮眼，財運一路走高，之前若有嘗試進行小額投資，這個月將會有不少獲利，只要不貪心，財富就能持續累積。

愛情★★★

愛情生活穩定甜蜜，可以花點心思替另一半製造浪漫驚喜，無論是看場電影，或是吃頓晚餐，都能替兩人的感情生活創造一點美好回憶。

功名★★★★

不需要主動爭取升遷，大老闆將會親自指派職位給你，可以從小職員晉升為主管，只要態度保持積極上進，後續升遷有望。

健康★★★

雖然健康運勢不差，但還是要保持良好作息，勤加運動，有任何小病痛要盡早處理，以免惡化或產生後遺症。

6月 June

事業★★★★

事業運勢持續長紅，要維持積極態度，遇事保有討論空間，借助大家的智慧才能預防判斷失誤，一起創造好業績。

財運★★

比起前月，財運運勢略為下滑，但也不必過度憂慮，即便有些額外支出，只要平常節約開銷，還是能平順的度過。

愛情★★★

兩人感情越來越穩定，可以帶著伴侶和家人、朋友們多相處，讓對方更深入認識你的生活，相信對方會非常感動。

功名★★★

功名運勢持平，若有想爭取的機會，需要好好努力衝刺，多加模擬演練，不讓自己有失常的機會，就能取得好成果。

健康★★

健康可能出現狀況，要多注意自己的精神狀態，適時放鬆身心。勿貪食生冷食品，注重保健，就能平安的度過這個月。

7月 July

事業★★★

事業運勢不差，能得貴人幫助，大部分的時候都能心想事成，只要別介入口舌之爭，工作上將一切順利。

財運★★★

財運上可能會迎來意外的收入，斜槓的副業、兼職有不錯的成果，只要維持過去良好的儲蓄與消費習慣，就能繼續累積金錢。

愛情★★★

愛情順利美滿，在忙碌之餘，也別忘了安排專屬於兩人的活動，增進彼此感情，無論是下午茶約會或是旅行都很適合。

功名★★

對於要參加考試的朋友們來說，過程一波三折，可能是考題難度偏高，或恰好遇到不熟悉的領域，事前準備應更全面，將有機會克服困難。

健康★★

雖然是炎熱的暑假，但還是有可能感冒生病，出入冷氣房時，要留意溫差變化，不要貪喝涼水冷飲，以免引起腸胃不適。

8月 August

事業★★★★

事業運勢旺盛，加上有貴人幫助，再困難的任務都能逢凶化吉，記得不要逞強、不衝動行事，透過團隊合作更能順利成功。

財運★★★

財運運程開始好轉，可以稍微放鬆心

情，但還是要提防盜賊，小心財物被竊或被騙，不過度消費，就能繼續累積財富。

愛情★★★

感情甜蜜如昔，不過兩人之間除了戀愛，還有不少生活大小事要處理，難免會產生摩擦，只要彼此多體諒，仍是你儂我儂。

功名★★★

功名運勢平順，有想爭取的晉升機會，或是想挑戰的考試，都可以在本月多做嘗試，只要立定目標，踏實執行，成果不會讓你失望。

健康★★

請多留意身心狀態，會有不少煩憂與干擾，可能會造成壓力過大，導致失眠，可以在平常做一點伸展拉筋或冥想，有助於放鬆緊繃的神經。

9月 September

事業★★★★

受到貴人幫助，如果有創新的點子與新產品構想，可以大膽提出，你的創意將會得到大家的認可，讓你的聲望更上層樓。

財運★★★★

財運運程被吉星帶動，有如財神入宅，可以把握良機，靈活運用理財知識投資一筆，以錢滾錢，累積第一桶金。

愛情★★

愛情熱度稍微降溫，別忘了要時常關心對方，在兩人獨處時多聊聊彼此的生活小事，互相分享可讓戀情重回熱戀期的甜蜜。

功名★★★

有貴人給予幫助，爭取晉升或通過考

試，都不會太困難。但真正脫穎而出的關鍵則是創新，可以朝這個方向多加努力。

健康★★

明顯感覺到抵抗力下降，平常記得多吃蔬菜水果，作息正常，生病時不要貪圖方便吃成藥解決，應馬上就醫，才不會演變成大疾病。

10月 October

事業★★

事業運勢不太好，可能會與合作對象或是同事發生爭執，導致各項工作受到刁難，記得溝通時心平氣和的說出你的想法，事情才有轉圜的餘地。

財運★★★

財運尚佳，如果想試著投資理財，要先諮詢專家的意見，再進行選擇，不要盲目跟從他人的推薦，多半能小有斬獲。

愛情★★★

感情日益甜蜜，記得抽空表達你對另一半的愛意，兩人的關係能夠更進一步。單身的人可以多嘗試拓展交友圈，有機會遇見合適的對象。

功名★★

功名運勢走低，想爭取的職位或考試大多不太順利，建議可以暫時先養精蓄銳，再多充實自己的內涵，下一次上場時，一定能滿載而歸。

健康★★

易有血光之災，加上精神體力也會比較差，小至使用剪刀都有可能受傷。記得保有充足睡眠，養足精神，較能順利避免意外。

11月 November

事業★★★★

有大利各方的吉星相伴，在職場上將會受到長官的賞識，但要注意提案與想法須能實際執行，才能真正取得好成果。

財運★★★★

財運大好，有不少收入可以運用，除了必要的開銷之外，只要不衝動購物，賺進的金錢能順利留在身邊，成為你的發財金。

愛情★★★

和另一半的感情有很大的進展，除了甜蜜之外，還有心靈上的深度交流，加深了彼此的感情，也增加了安全感。

功名★★★

接近年末，可以試著爭取升遷機會，過去累積的成就與人脈都能派上用場，只要腳踏實地的努力，升職並不困難。

健康★★

要注意心理方面的健康，生活上的不順遂接踵而來，讓你有點消沉抑鬱，多出門散心就能轉換心情，以全新的角度看待萬物。

12月 December

事業★★

工作運勢稍有不順，會有人對你惡意批評，甚至扭曲事實、以謠言中傷你，但還是要以沉穩理智的態度面對，不要輕易被激怒，以免官司訴訟找上門。

財運★★★

財運尚可，有些額外的收入，開心之餘

別忘了謹慎理財，做好消費規劃，該存的存、該花的花，就能順利累積財富。

愛情★★

和另一半的感情在這個月易受到謠言影響，多有爭吵與不諒解，不管多忙碌，記得在第一時間解釋說明，可避免誤會加深。

功名★★

如要爭取晉升，在進行判斷時，請思考再三或聽取前輩的經驗，可減少失誤的機率，增加過關合格的可能性。

健康★

除了因為天氣變化而容易感冒生病之外，還得留意家中長輩的身體狀況，有空可以帶著全家一起來場森林浴，對健康很有幫助喔！

3

祥龍財庫年，致富招財祕法

十二生肖招財專屬特輯

二〇二四年為甲辰龍年，也是大家殷切盼望的財庫年，該如何掌握錢財，開創新財脈，將成為今年最主要的開運課題。趕緊跟著雨揚老師的腳步，看看十二生肖專屬的招財祕法，讓我們一起抓緊財富機運，迎接絕佳的求財好時機，在財庫年坐擁富貴生活！

生肖鼠

特質分析

鼠朋友擁有敏銳的洞察力，且非常樂於挑戰新事物，故在工作上能有豐富的想像力和創意，總能激發出與眾不同的構思及提案，讓你能充分發揮自身的潛能。

步步高薪小祕訣

鼠朋友的地支為子，子在五行中屬水，而水剋火為財，故在出席重要場合時，可以穿上紅色系的貼身衣物，便能暢旺各方好運，讓運勢紅紅火火；感到疲勞時，也可以吃顆甜糖或紅棗來補充體力，有助重振精神，再創巔峰！此外，可多使用桃花香味來相呼應，暢旺迷人的魅力能量。

生肖牛

特質分析

牛朋友有著沉穩且內斂的個性，這份特質也將活用在事業上，讓你在執行業務時能有極佳的耐性，無論面對任何挑戰，都能以腳踏實地的方式化解難題。

步步高薪小祕訣

牛朋友的地支為丑，丑在五行中屬土，而火行可以生旺土行，故在洽談合作時，可以換上紅色鞋襪，讓你從腳扎穩富貴根基，行走步伐更沉穩、氣場更強大，職涯發展也會走得更穩健。在出席重要場合時，也可以噴上清新淡雅的小蒼蘭香水，能讓身心更容易放鬆。

生肖虎

特質分析

虎朋友擁有積極進取的野心，對於工作也有自己的一套規劃，且善於將興趣和事業結合，再加上衝勁十足的熱忱，讓你總能開創出屬於自己的一片天，走出屬於自己獨特的路。

步步高薪小祕訣

虎朋友的地支為寅，寅在五行中屬木，而水行可以生旺木行，故在重要會議或面試時，可攜帶水藍色的筆記本或資料夾，有助活絡思維，讓你的思緒更加敏捷，提出更優秀的提案；也可多使用橙花香氛，有助迎接人際關係的美好事物。此外，在初一或十五時，也能燃點藍色酥油燭，讓美夢幸福成真！

生肖兔

特質分析

兔朋友有著縝密的心思，且十分善於分析，加上天性善良和樂於助人的特質，也能讓你奠定良好的人際基礎，成為部門中重要的幕僚人才以及溝通橋梁。

步步高薪小祕訣

兔朋友的地支為卯，卯在五行中屬木，而水行可以生旺木行，故可在精油燈中滴上海洋薰香調的精油，可助睡眠安穩，以充沛活力迎接嶄新的職場生涯。而兔子有顆純潔善良的心，也很適合多運用溫柔的百合花香氛。

生肖龍

特質分析

龍朋友擁有認真踏實的性格，且對經手的業務都十分負責，總會將事情做到盡善盡美，不僅是團隊成員眼中可靠的夥伴，也很容易因此而得到上司讚賞，進而得到升遷加薪的好機會。

步步高薪小祕訣

龍朋友的地支為辰，辰在五行中屬土，而火行可以生旺土行，故在開會報告時，可換上紅色系的上衣或襯衫，或戴上粉色系的手錶，就能讓好機運掌握在身上及手上。牡丹花富貴圓滿、雍容華貴的特性，也能持續帶給龍朋友勇往直前的能量。此外，享用早點時也可以配些番茄汁開胃，有助開啟一整天的好運。

生肖蛇

特質分析

蛇朋友有著理性且冷靜的個性，不僅處世圓滑周到，行事也格外謹慎，總會經過縝密的思考及規劃後，才會著手行動，使你在決策表現上相當可靠。

步步高薪小祕訣

蛇朋友的地支為巳，巳在五行中屬火，而木行可以生旺火行，故可在家中書房或辦公桌燃點檀香，有助淨除事業阻礙，開創不凡成就。此外，在喝咖啡或茶飲時，也可使用綠色系的杯墊，以水木相生之力，幫助匯聚財水，增添財富。紫羅蘭的高貴神祕，也是很適合蛇朋友外冷內熱的特性！

生肖馬

特質分析

馬朋友擁有十足的衝勁與行動力，自由奔放的性格，也讓你在追求目標與理想上能一馬當先，帶領大家攜手向前邁進，並以此豐富自己的生活體驗。

步步高薪小祕訣

馬朋友的地支為午，午在五行中屬火，而木行可以生旺火行，故可在辦公桌上擺放幾盆開運竹，以木行能量暢旺事業功名；餐也可多食用綠色蔬菜，補充豐沛營養，活絡健康好運。玫瑰花的熱情、積極能量，也非常適合自由奔放的馬朋友。

生肖羊

特質分析

羊朋友有著和藹可親的性格，且因天性善良，讓你能輕易地和人群打成一片，加上驚人的耐性，也能讓你長時間處理相同的業務，是同事間不可或缺的好夥伴。

步步高薪小祕訣

羊朋友的地支為未，未在五行中屬土，而火行可以生旺土行，故在簽定重要契約或會議記錄時，可多用紅色筆記本書寫，並以粉色便利貼註記重點段落，便能活絡事業好運，讓企劃或提案順利被採納。含蓄的鈴蘭花，則和羊朋友一樣寬容優雅，可在重要場合多使用此香氛開運。

生肖猴

特質分析

猴朋友反應敏捷迅速，擁有極佳的學習力，在各種情況下，都能迅速做出反應，採取明智的決策，加上靈活的個性，讓你善於抓住機會，在各領域都能取得不錯的成就。

步步高薪小祕訣

猴朋友的地支為申，申在五行中屬金，而土行可以生旺金行，故在晨間拜訪客戶時，不妨以步行代替乘車，接受太陽洗禮，讓你每走一步都能迎接滿滿財氣，逐步開啟富貴大運！此外，用印時也可選擇黃色系的印章，象徵廣納百財，財運無限大開。在香氛開運上，蘭花的清新無憂，能為神采奕奕的猴朋友加分，帶來非常好的形象！

生肖雞

特質分析

雞朋友渾身上下充滿服務熱誠，加上勤奮努力的工作態度，讓你在任何場合都能應對得宜，取得他人的信賴，展現出自身的精湛實力。

步步高薪小祕訣

雞朋友的地支為酉，酉在五行中屬金，而土行可以生旺金行，故在出席商務場合時，可以打上亮黃色的領帶，或是背著黃色系的手提包，有助催發財氣，談成一筆筆大訂單。此外，也可將美味又營養的地瓜當成早餐或點心，讓你「含吉」一整天！而櫻花的花語是熱情璀璨、高尚堅貞，與勤奮又勤勉的雞朋友，是絕佳的開運組合。

生肖狗

特質分析

狗朋友擁有極佳的辦事能力，加上忠心耿耿的性格，讓你格外地有責任感，總會用心做好每一件事情，故也深得主管同事們的愛戴與信任。

步步高薪小祕訣

狗朋友的地支為戌，戌在五行中屬土，而火行可以生旺土行，故在布置辦公桌時，可多選用紅色系的配件，讓工作氛圍時刻吉祥喜慶、鴻福不息！個性忠誠堅定的狗兒，恰好生肖元辰花正是花語為真誠、可靠的菊花，也能在自己的桌上擺上一盆，將盆綁上紅線，更能為自己添福添喜！

生肖豬

特質分析

豬朋友有著謙和有禮的個性，容易融入人群之中，且特別善於在團隊合作中，激發出自身的潛能，並能在工作中傳達積極正向的能量，以及歡樂的氛圍，成為同事間的好榜樣。

步步高薪小祕訣

豬朋友的地支為亥，亥在五行中屬水，而金能生旺水，故可在家門口擺上帶有金色系的地墊，讓好運始於足下，鋪就成功之路。此外，出門時也可多配戴黃金飾品，照耀財富之路。金色的向日葵，也正好為豬朋友的元辰花，能帶給人開朗溫暖的能量！

十二生肖吸晶特輯

水晶玉石不僅美麗，更蘊藏豐沛的大自然能量，透過佩戴水晶，我們可以獲得許多益處。不同種類的水晶也有獨特的特性和功效，接下來將介紹一些對旺事業、催財富有助益的寶石，並提供十二生肖佩戴水晶的建議，讓大家都能在財庫年擁有強旺的財運，創造多元財脈，享受幸福安康的生活。

生肖	五行	吸晶水晶寶石
虎、兔	木	螢石、天河石、拉長石、橄欖石
蛇、馬	火	碧璽、東菱玉、葡萄石、石榴石、黃玉髓
牛、龍、羊、狗	土	鈦晶、黃玉、血珀、草莓晶、檸檬晶
猴、雞	金	超七、琥珀、黃水晶、虎眼石、金髮晶
鼠、豬	水	瑪瑙、月光石、金曜石、紫水晶、黑髮晶、海藍寶

1. 碧璽

碧璽是擁有強大能量的電氣石，蘊藏生生不息的豐沛能量，可全方位強化運勢，讓你時刻保有良好的人脈網絡，並擴展個人磁場和氣場，賺進豐沛的財富。碧璽具有各式顏色，每種顏色都有特定的能量，可以幫助你開拓各式各樣的財路，並在不同領域中取得更大的成就。

2. 鈦晶

鈦晶屬於髮晶家族之一，在水晶中產量相對稀少，被人們視為珍貴的收藏品，被冠以「水晶之王」的美譽，是招財第一的寶石，擁有極強大的能量，並散發著獨特的光芒，可替您照亮財路，活絡八方財源。許多科技新貴都會佩戴鈦晶，能幫助他們在事業上取得成功。

3. 黃水晶

黃水晶為「財富之石」，橙黃的色澤如陽光般溫暖澄亮，具有匯聚財氣、穩定進財的能量，幫助你克服求財過程中可能遇到的阻礙。它也能聚攏各方財富和好運，讓你能夠開拓廣大的財富版圖，為自己和家人帶來更豐盛的生活。

4. 黃玉

黃玉自古以來深受皇室青睞，其高貴的黃光閃爍出耀眼的光芒，象徵著繁榮和富貴。同時，黃玉也被視為吉祥、幸運的象徵，可以活絡事業運程，讓你在事業和財富上雙收，享受富足和圓滿的生活。

5. 金曜石

金曜石內含一層金沙，名為「金眼」，故又稱「金沙黑曜石」。金眼閃爍出耀眼的財富之光，以金引金，照亮財路，催旺財富磁場，淨除求財阻礙，讓你坐擁金山，開運納福。

6. 琥珀

琥珀為佛教七寶之一，蘊藏強大的辟邪能力，有益於淨化負面能量，排除穢氣與違緣障礙，並活絡護身磁場。琥珀閃爍出耀眼的財富之光，有助於照亮財路，催旺招財磁場，廣納正財入庫，召喚偏財降臨，讓你匯聚各方財氣好運，開創璀璨的財富前程。

7. 血珀

血珀又名「翳珀」，為「破億」的諧音，不僅可圓滿財富心願，更有益於加倍暢旺富貴磁場，活絡各方財富運程，使你匯聚豐沛的招財能量，財庫豐收，富貴長久。

8. 超七

超七是深層的結晶水晶，功效十分全面，故也有「神聖七」的美譽，可全方位提升整體運勢，不僅有益於活絡事業前途，匯聚豐沛財氣，增添富貴善緣，防止小人違緣，也能圓滿心中所求，令吉祥滿願，幸福長存。

9. 虎眼石

虎眼石是印度的「聖石」，蘊藏充沛的土行能量，可穩固財富磁場，不僅能避邪化煞，還有益於提升自信，排除雜念，化解煩惱，助人心生勇氣與決斷力，行事果斷勇敢，展現耀眼風采，收穫豐沛財富。

10. 紫水晶

紫水晶有「智慧之石」的美稱，高貴的色澤有益於喚醒靈感、開發創意以及穩定思緒，同時也能啟迪智慧、增強記憶力與判斷力，讓您事業名利雙收，生活幸福美滿。

招財好時機——掌握招財關鍵，財氣滿盈

嶄新的龍年即將降臨，雨揚老師特別挑選了重要的招財好時機並分享多種求財祕法，加強你的財運，讓你全年都財源滾滾，輕鬆迎接成功與財富！以下的招財指南，將助你一年四季財運亨通，財福圓滿，讓我們攜手邁向美好未來，共創一個充滿希望與繁榮的龍年！

1. 藏曆初十蓮師日

每個月的藏曆初十，為蓮師到人間的日子。蓮花生大士被視為一切財神的本尊，象徵著功德、智慧、財富、福祿和名望的根源。在這個吉祥日子裡，我們可以點香、做煙供，並唸誦「嗡・啊・吽」，祈求蓮師的加持，將有助於暢旺運勢，事業蒸蒸日上，財源滾滾。

二〇二四年蓮師日：1/20、2/19、3/19、4/18、5/18、6/16、7/16、8/14、9/13、10/12、11/11、12/10

2. 月圓許願日

每個月的農曆十五日，正是月圓之時，最能感受到月光菩薩的能量，祂慈悲的法力在這

天特別強大，在滿月的明亮照耀下，非常適合點燃香燭許願，或是將平時配戴的飾品拿至月光下淨化，祈求事業、家庭、健康、財富圓滿，帶來好運和幸福。

3. 財庫月放大財富能量

一年十二個月裡面，其中農曆的三、六、九、十二月被稱為財庫月，財庫月裡碰到財庫日，也就是當天干支裡有辰戌丑未的日子，更是雙重幸運的幸運日，吸引著豐盛的財富能量。

農曆月分	國曆日子			
幸運日	辰日	戌日	丑日	未日
農曆三月	4/10、4/22、5/4	4/16、4/28	4/19、5/1	4/13、4/25、5/7
農曆六月	7/15、7/27	7/9、7/21、8/2	7/12、7/24	7/6、7/18、7/30
農曆九月	10/7、10/19、10/31	10/13、10/25	10/4、10/16、10/28	10/10、10/22
農曆十二月	114 年：1/2、1/14、1/26	114 年：1/5、1/17	114 年：1/8、1/20	114 年：1/2、1/14、1/26

辰日：可在工作上發揮自身優勢，像是勇於提案或企劃，展現出最好的一面，讓加薪的幅度越來越大！

戌日：推行新計畫時，不妨向專業人士請益，或是集結眾人智慧，有助事半功倍，領取豐沛的專案獎金。

丑日：可妥善掌控專案全局，發揮最大效益，成就一番大事業，讓薪資更上層樓！

未日：可憑著負責的態度，在職場上脫穎而出，受到更多客戶信賴，輕鬆賺飽業績獎金。

4. 催旺隨身財庫，財富翻倍賺

雖然現代科技發達，行動支付已成為許多人生活的一部分，但想要發財，就要讓錢住進豪宅，且張張新鈔都要對齊擺好，並時刻與錢接觸及呼應，錢財才會與自己同心，財神才會歡喜進門，天天富貴臨門。

皮夾就是我們的隨身財庫，錢包中的現金，就像是我們個人的小金庫，時刻催旺著財富的流動。因此，錢包中要保留一定的現金，並經常整理，讓行動財庫保持乾淨整潔，自然能招攬更多財富，成為吸引錢財伴身的強大磁場，時時保持有錢，財富不間斷，就能踏上致富之路。

此外，在挑選皮夾時，更應排除短皮夾，才不會讓你為了賺錢而辛苦折腰，也不會為了掙錢四處奔走窮忙，切記選擇長夾，讓錢的家寬敞又豪華，搖身一變，變成龍年的財富聚寶盆，助你財福不漏，輕鬆廣納四方財，進帳再多都能全部裝下！

5. 上元天官賜福，財富滿庫享福祿

(1) 天官大帝聖誕，拜求福運加持

上元是天官賜福的絕佳時機，在農曆正月十五日元宵節的前一天的子時（晚上十一點開始），可以準備香品、湯圓、水果祭拜天官。拜完後，家中保持通宵燈火照明，讓天官更喜歡來家中賜福，為家人帶來幸福和好運。

(2) 紅包招財法

除夕夜起，您可將紅包放在枕頭下，並保留至元宵節過後，再將此筆錢存入銀行，可作為錢母，幫助您吸納更多財氣，累積更多財富。

6. 中元地官赦罪，消災解厄添好運

(1) 把握財庫時布施

中元節是重要的布施時刻，在早財庫辰時（早上七點至九點），早起先行布施，如點香、行善、念經、做煙供等，可為自己累積好運，祈求財運萬無一失。

(2) 中元祈好運，虎爺換錢母增財運

在中元節這天前往供奉三官大帝的廟宇，誠心祈求地官赦罪，有助於化解業障、招來財運。同時，也可去香火鼎盛的土地公廟參拜，並跟虎爺換錢母，拿大錢換小錢，象徵能大小通賺、財富生生不息！

7. 下元水官解厄，補財庫添福運

(1) 拜蕉李梨來，財福好運龍總來

想為來年補庫求財，可祭拜香蕉、李子、梨子、鳳梨，諧音象徵「招你來」，能吸引豐盈財運，讓幸福好運跟著來。另外，也可拜柿子，代表天天有好事發生。

(2) 準備新鈔過香爐，來年找到新財路

在拜完水官大帝後，可以準備八張全新的鈔票，順時針繞香爐八圈。數字8形似無限符號，象徵八方財路，寓意著八方財源無盡湧入，讓您能不斷進財，繁榮富足。

8. 端午開運旺財，吉祥福氣滾滾來

(1) 吃素粽，好事包中

端午節時順應節氣飲食，能接住節氣好運。因此，端午吃素粽，不僅「素素」開運，也能讓你好事「接粽而來」！

(2) 午時水，接滿財水

在端午節的午時（十一點至十三點間），可以接自然湧泉或自來水，此為天然財水，蘊藏極陽能量，煮沸後用來泡茶、煮湯、洗澡，洗淨舊運氣，轉換新財氣。

4

祥龍年開運農民曆

大家來看農民曆

農民曆是集結數千年古人智慧的結晶，為當時人們的生活指南。在古代農業社會中，人們會參考農民曆來規劃行程，從婚禮、葬禮、慶祝活動到祈福儀式，甚至包括日常瑣事的安排，都會依據農民曆行事。即使在現代社會，農民曆仍然具有珍貴的價值，可以成為日常生活中的重要指引工具，遵從其指引可以使生活更順遂，各項事務得以順利圓滿。

以下是各欄位簡單明瞭的介紹，教你如何運用農民曆作為重要事件的參考，以幫助你趨吉避凶，使行事更加順遂。

一、每日宜忌

提親、嫁娶、置產或入宅等喜慶之事應選在吉日進行，每日的吉神凶煞各有宜忌事項，應以事件特性來挑選吉日。農民曆彙整了每日宜忌，可供隨時查閱。

鑑於傳統農民曆中的專有名詞可能較難理解，本書中特別採用現代用語取代，以提高閱讀性和實用性。以下是農民曆用詞的簡易分類：日常生活、工商喜慶、祭祀祈福、營建工程、喪葬類等，附上原專有名詞和現代用語對照版，以供參考。

日常生活類

斷蟻	撲滅害蟲
剃頭	剃胎毛／美容整形
出行	出外旅遊
會親友	親友聚會／派對
求醫治病	看醫生／動手術
入學	開始上學
解除 掃舍宇	大掃除
移徙	搬家
入宅	搬進新家
栽種	種花草
納畜	養寵物
整手足甲	新生兒第一次剪指甲

工商喜慶類

問名	合八字
訂盟 納采	訂婚
裁衣	裁製婚紗
嫁娶	結婚迎娶
開市	開幕／開工
立券 交易	買賣／簽約
納財	買房／進貨

祭祀祈福類

祭祀	拜祖先／神明
祈福	求神賜福
開光	開光點眼
普渡	超渡好兄弟
出火	移動神位
安香	安置神位

營建工程類

安機械	試車／安裝機械
動土	蓋房子（陽宅）
上樑	裝上大樑／灌漿
安床	放新床／移舊床
作灶	廚房裝修／火爐移位
平治道塗	鋪平馬路
破屋壞垣	拆房子
修飾垣牆	裝修粉刷
謝土	建築完工後的祭祀
豎造全章	建築相關事項

喪葬類

入殮	亡者入棺
破土	陰宅動工
安葬	葬禮

其他

鳳凰日	特別有利於女性開運
麒麟日	適合男性祈福開運

二、選定吉日

吉日與吉時為基本的通用法則，但具體仍須以主事者的生肖來選擇，不能和當天的干支相沖。農民曆彙整了每日沖煞生肖的年齡，可做參考。

三、挑選良辰

選定吉日之後便要挑選良辰，農民曆上已寫明「登貴吉時」，可直接取用。如果欲求精準，可依主事者的生肖來選擇良辰，從每日吉時中選出和主事者生肖不沖煞的時辰即可。

★農民曆實用資訊

- 農民曆包含日期、節日、節氣、每日干支等。
- 登貴吉時：顧名思義就是貴人要升天、登天之際，為該日最好的時辰。要做重大決定，建議選在此時。
- 宜忌：每天趨吉避凶的指南。
- 每日沖煞生肖：當天運勢較差的生肖，只要行事低調、待人謙卑，可求自保。
- 喜神：每日喜神方位。
- 財神：每日財神方位。
- 每日胎神占方：家有孕婦者，此方位不宜動。
- 每日福星：當天運勢最旺的三個生肖，只要把握時運，全力以赴，便可萬事如意。
- 每日幸運色：當天特別吉利的色彩，穿著或運用這個顏色，有助於提升整體運勢。

民國一一三年開工開市吉日

開工和開市是農曆年後極為重要的儀式。無論是大公司還是小企業，都會在農曆年後挑選日程，進行開工開市，以期新的一年事業鴻圖大展、生意蒸蒸日上。儀式通常由負責人或營運主管親自主持，並帶領全體員工一同參與，祈求神明保佑公司營運穩定、獲利豐收。

開工吉日：

開工的吉日與吉時之選擇，應以公司行號負責人或重要的管理階層主管為主，並且要避開與老闆、負責人和高階主管的沖煞生肖。

開工吉時：

開工的祭拜儀式宜在午時（上午十一點至下午一點）前進行，因為午時前陽氣正盛，在午時祭拜可迎接天地正氣，有助催旺財運！

祭拜位置：

宜在公司或商店門口的明亮處，擺放供桌與祭品，面對天空，誠心祭拜，祈請眾神護佑公司營運可期。

參與人員：

由公司負責人或高階主管帶領全體員工一同誠心祭拜，祈求開工順利。

祭拜供品：

供品包含鮮花與紅蠟燭各一對、香和香爐、茶或酒三杯、鞭炮一對、五種水果（鳳梨、蘋果、香蕉、橘子、棗子）及三色金（壽金三支、福金三支、刈金三支），亦可準備發糕、糖果和甜湯圓等供品，且可在上頭貼招財進寶、開工大吉等吉祥話，有助招來吉祥福運。

誠心祝禱：

由主要祭祀者念誦祝禱文，向神明稟告今日開工開市的吉時、主祀者姓名、公司行號名字、公司行號地址等，祈請神明護佑，幫助開市順利。

祭祀流程：

祭拜儀式完成後燒化金紙，再點燃鞭炮，慶祝開工開市一鳴驚人，接著將三杯茶或酒向外潑灑，再收拾供品，發給員工分享，與員工共享福氣，使福運綿綿不絕。

其他事項：

開工開市當天宜互相祝福，老闆可準備紅包發給員工，象徵大發利市、業績長紅。

民國一一三年甲辰年開市吉日吉時

國曆日期	農曆日期	日干支	日沖生肖	開市吉時	時沖生肖
2/12（一）	正月初三	丙午	沖鼠65歲	卯時	沖雞20／80歲
				午時	沖鼠17／77歲
2/15（四）	正月初六	己酉	沖兔62歲	巳時	沖豬42歲
				午時	沖鼠41歲
2/21（三）	正月十二	乙卯	沖雞56歲	卯時	沖雞32歲
				辰時	沖狗31歲
				巳時	沖豬30歲
3/4（一）	正月廿四	丁卯	沖雞44歲	辰時	沖狗67歲
				巳時	沖豬66歲
				午時	沖鼠65歲
3/6（三）	正月廿六	己巳	沖豬42歲	卯時	沖雞44歲
				辰時	沖狗43歲
				午時	沖鼠41歲
3/8（五）	正月廿八	辛未	沖牛40歲	卯時	沖雞20／80歲
				午時	沖鼠17／77歲

開運農民曆

一月

國曆	1	2	3	4	5	6
星期	一	二	三	四	五	六
節日	元旦 天赦日					小寒
農曆	十一月二十	十一月廿一	十一月廿二	十一月廿三	十一月廿四	十一月廿五
干支	甲子	乙丑	丙寅	丁卯	戊辰	己巳
登貴吉時	丑、未	子、申	酉、亥	酉、亥	丑、未	子、申
宜忌	宜：買賣／簽約、拜祖先／神明、沐浴、亡者入棺、葬禮、建築完工後的祭祀 ●忌：搬進新家、蓋房子（陽宅）、陰宅動工 ◎鳳凰日：特別有利於女性開運	宜：結婚迎娶、訂婚、拜祖先／神明、求神賜福、安置神位、移動神位、出外旅遊、開始上學、搬進新家、買賣／簽約、看醫生／動手術、裝上大樑／灌漿 ●忌：葬禮	宜：開幕／開工、買賣／簽約、出外旅遊、親友聚會／派對、訂婚、大掃除、放新床／移舊床、試車／安裝機械、鋪平馬路、裝上大樑／灌漿、葬禮、亡者入棺 ●忌：結婚迎娶、蓋房子（陽宅）、陰宅動工、求神賜福、移動神位、搬進新家	宜：拜祖先／神明、鋪平馬路、葬禮 ●忌：結婚迎娶、搬進新家、訂婚	宜：訂婚、拜祖先／神明、求神賜福、開光點眼、安置神位、移動神位、出外旅遊、親友聚會／派對、試車／安裝機械、蓋房子（陽宅）、裝上大樑／灌漿、搬家、放新床／移舊床、葬禮、陰宅動工、亡者入棺 ●忌：開幕／開工	宜：結婚迎娶、拜祖先／神明、求神賜福、親友聚會／派對、放新床／移舊床 ●忌：陰宅動工、葬禮
每日沖煞生肖	馬 46	羊 45	猴 44	雞 43	狗 42	豬 41
喜神	東北	西北	西南	正南	東南	東北
財神	東北	東北	西南	西南	正北	正北
每日胎神占方	占門碓 外東南	碓磨廁 外東南	廚灶爐 外正南	倉庫門 外正南	房床栖 外正南	占門床 外正南
每日福星	龍猴牛	雞蛇鼠	狗馬豬	羊豬狗	鼠猴雞	牛雞猴
每日幸運色	白色 金色	粉紅色 赭紅色	黑色 正藍色	黑色 正藍色	粉紅色 赭紅色	墨綠色 蘋果綠

7	日	勿探病	十一月廿六	庚午	丑、未	宜：拜祖先／神明、求神賜福、親友聚會／派對、出外旅遊、沐浴、種花草、訂婚、結婚迎娶、裁製婚紗、放新床／移舊床、蓋房子（陽宅）、陰宅動工、裝上大樑／灌漿、亡者入棺、葬禮、建築完工後的祭祀 ●忌：開幕／開工、廚房裝修／火爐移位、搬進新家	鼠 40	西北	正東	占碓磨 外正南	狗虎羊	墨綠色 蘋果綠
8	一		十一月廿七	辛未	寅、午	宜：大掃除、拆房子，餘事勿取 ●忌：諸事不宜 ◎日值月破大耗日，宜事少取	牛 39	西南	正東	廚灶廁 外西南	兔豬馬	粉紅色 赭紅色
9	二		十一月廿八	壬申	卯、巳	宜：開光點眼、出外旅遊、訂婚結婚迎娶、亡者入棺、葬禮 ●忌：搬進新家、放新床／移舊床	虎 38	正南	正南	倉庫爐 外西南	龍鼠蛇	正黃色 亮黃色
10	三		十一月廿九	癸酉	卯、巳	宜：亡者入棺、葬禮，餘事勿取 ●忌：陰宅動工	兔 37	東南	正南	房床門 外西南	牛蛇龍	正黃色 亮黃色
11	四		十二月初一	甲戌	丑、未	宜：拜祖先／神明、求神賜福、開光點眼、亡者入棺、廚房裝修／火爐移位、結婚迎娶、買房／進貨 ●忌：葬禮、放新床／移舊床 ◎日逢真滅沒宜事不取	龍 36	東北	東北	門雞栖 外西南	馬虎兔	粉紅色 赭紅色
12	五		十二月初二	乙亥	子、申	宜：拜祖先／神明、出外旅遊、沐浴、裁製婚紗、求神賜福、訂婚、結婚迎娶、試車／安裝機械、開幕／開工、買賣／簽約、養寵物 ●忌：種花草、亡者入棺、葬禮	蛇 35	西北	東北	碓磨床 外西南	羊兔虎	白色 金色
13	六		十二月初三	丙子	酉、亥	宜：拜祖先／神明、求神賜福、沐浴、放新床／移舊床、試車／安裝機械、亡者入棺、葬禮、買賣／簽約 ●忌：廚房裝修／火爐移位、結婚迎娶、搬進新家	馬 34	西南	西南	廚灶碓 外西南	龍猴牛	白色 金色
14	日		十二月初四	丁丑	酉、亥	宜：大掃除、拜祖先／神明，餘事勿取 ●忌：今日無禁忌，萬事放寬心	羊 33	正南	西南	倉庫廁 外正西	雞蛇鼠	粉紅色 赭紅色

22	21	20	19	18	17	16	15
一	日	六	五	四	三	二	一
		大寒	勿探病	臘八節		勿探病	
十二月十二	十二月十一	十二月初十	十二月初九	十二月初八	十二月初七	十二月初六	十二月初五
乙酉	甲申	癸未	壬午	辛巳	庚辰	己卯	戊寅
子、申	丑、未	卯、巳	卯、巳	寅、午	丑、未	子、申	丑、未
宜：拜祖先／神明、亡者入棺、陰宅動工、葬禮、餘事勿取 ●忌：今日無禁忌，萬事放寬心	宜：結婚迎娶、開幕／開工、買賣／簽約、開光點眼、出外旅遊、移動神位、搬進新家、搬家、蓋房子（陽宅）、陰宅動工、葬禮 ●忌：放新床／移舊床、求神賜福、養寵物	宜：拆房子、餘事勿取 ●忌：諸事不宜	宜：結婚迎娶、拜祖先／神明、求神賜福、開光點眼、搬進新家、搬家、放新床／移舊床、蓋房子（陽宅） ●忌：葬禮、種花草、出外旅遊、廚房裝修／火爐移位、開幕／開工	宜：結婚迎娶、拜祖先／神明、求神賜福、蓋房子（陽宅）、親友聚會／派對、養寵物 ●忌：葬禮、種花草、出外旅遊、廚房裝修／火爐移位、開幕／開工、搬進新家	宜：拜祖先／神明、大掃除、裝修粉刷、鋪平馬路、餘事勿取 ●忌：今日無禁忌，萬事放寬心	宜：開幕／開工、買賣／簽約、買房／進貨、結婚迎娶、訂婚、養寵物、放新床／移舊床 ●忌：裝上大樑／灌漿、搬進新家、求神賜福、蓋房子（陽宅）、葬禮、廚房裝修／火爐移位	宜：開幕／開工、買賣／簽約、開光點眼、大掃除、移動神位、搬進新家、搬家、放新床／移舊床、蓋房子（陽宅）、裝上大樑／灌漿、種花草、養寵物、葬禮 ●忌：結婚迎娶、拜祖先／神明、出外旅遊
兔 25	虎 26	牛 27	鼠 28	豬 29	狗 30	雞 31	猴 32
西北	東北	東南	正南	西南	西北	東北	東南
東北	東北	正南	正南	正東	正東	正北	正北
碓磨門外西北	占門爐外西北	房床廁外西北	倉庫碓外西北	廚灶床外正西	碓磨栖外正西	占大門外正西	房床爐外正西
牛 蛇 龍	龍 鼠 蛇	兔 豬 馬	狗 虎 羊	牛 雞 猴	鼠 猴 雞	羊 豬 狗	狗 馬 豬
正黃色 亮黃色	正黃色 亮黃色	粉紅色 赭紅色	墨綠色 蘋果綠	墨綠色 蘋果綠	粉紅色 赭紅色	黑色 正藍色	黑色 正藍色

30	29	28	27	26	25	24	23
二	一	日	六	五	四	三	二
十二月二十	十二月十九	十二月十八	十二月十七	十二月十六	十二月十五	十二月十四	十二月十三
癸巳	壬辰	辛卯	庚寅	己丑	戊子	丁亥	丙戌
卯、巳	卯、巳	寅、午	丑、未	子、申	丑、未	酉、亥	酉、亥
宜：結婚迎娶、拜祖先／神明、開光點眼、移動神位、搬家、搬進新家、蓋房子（陽宅）、裝上大樑／灌漿、養寵物、放新床／移舊床 ●忌：開幕／開工、種花草、出外旅遊、葬禮、看醫生／動手術	宜：大掃除、鋪平馬路、餘事勿取 ●忌：搬家、搬進新家、種花草、看醫生／動手術 ◎鳳凰日：特別有利於女性開運	宜：結婚迎娶、出外旅遊、剃胎毛／美容整形、開幕／開工、買賣／簽約、買房／進貨、放新床／移舊床、葬禮 ●忌：求神賜福、建築完工後的祭祀、蓋房子（陽宅）、搬進新家、裝上大樑／灌漿、廚房裝修／火爐移位	宜：開光點眼、訂婚、開幕／開工、買賣／簽約、買房／進貨、蓋房子（陽宅）、葬禮、陰宅動工、沐浴 ●忌：搬進新家、拜祖先／神明、建築完工後的祭祀	宜：拜祖先／神明、大掃除、餘事勿取 ●忌：結婚迎娶、蓋房子（陽宅）、葬禮 ◎日值季月紅紗正煞，宜事少取	宜：放新床／移舊床、裁製婚紗、買賣／簽約、亡者入棺、葬禮 ●忌：置產、結婚迎娶、出外旅遊、開光點眼、種花草、蓋房子（陽宅）、陰宅動工、搬進新家、看醫生／動手術	宜：開幕／開工、買賣／簽約、買房／進貨、養寵物、搬家、搬進新家、放新床／移舊床、開光點眼、求神賜福、蓋房子（陽宅） ●忌：結婚迎娶、種花草、葬禮、廚房裝修／火爐移位、亡者入棺、剃胎毛／美容整形 ◎麒麟日：適合男性祈福開運	宜：拜祖先／神明、大掃除、餘事勿取 ●忌：諸事不宜
豬 17	狗 18	雞 19	猴 20	羊 21	馬 22	蛇 23	龍 24
東南	正南	西南	西北	東北	東南	正南	西南
正南	正南	正東	正東	正北	正北	西南	西南
占房床 房內北	倉庫栖 外正北	廚灶門 外正北	碓磨爐 外正北	占門廁 外正北	房床碓 外正北	倉庫床 外西北	廚灶栖 外西北
牛 雞 猴	鼠 猴 雞	羊 豬 狗	狗 馬 豬	雞 蛇 鼠	龍 猴 牛	羊 兔 虎	馬 虎 兔
墨綠色 蘋果綠	粉紅色 赭紅色	黑色 正藍色	黑色 正藍色	粉紅色 赭紅色	白色 金色	白色 金色	粉紅色 赭紅色

二月

6	5	4	3	2	1	31
二	一	日	六	五	四	三
		立春				
十二月廿七	十二月廿六	十二月廿五	十二月廿四	十二月廿三	十二月廿二	十二月廿一
庚子	己亥	戊戌	丁酉	丙申	乙未	甲午
丑、未	子、申	丑、未	酉、亥	酉、亥	子、申	丑、未
宜：拜祖先／神明、沐浴、求神賜福、出外旅遊、裁製婚紗、訂婚、開幕／開工、買賣／簽約、買房／進貨、建築完工後的祭祀 ●忌：亡者入棺、葬禮、廚房裝修／火爐移位、搬進新家	宜：拜祖先／神明、沐浴、訂婚、裁製婚紗、試車／安裝機械、放新床／移舊床、買房／進貨、開幕／開工、買賣／簽約、養寵物 ●忌：葬禮、廚房裝修／火爐移位	宜：拜祖先／神明、買房／進貨 ●忌：結婚迎娶、開幕／開工、搬進新家、放新床／移舊床、陰宅動工、葬禮	宜：拜祖先／神明、亡者入棺、陰宅動工、葬禮 ●忌：結婚迎娶、搬進新家、廚房裝修／火爐移位、訂婚 ◎日值受死繪四絕日，宜事少取	宜：開光點眼、安置神位、移動神位、種花草、買房／進貨、開幕／開工、買賣／簽約、結婚迎娶、訂婚、裁製婚紗、蓋房子（陽宅）、搬家、搬進新家、葬禮、陰宅動工、亡者入棺 ●忌：求神賜福、拜祖先／神明、放新床／移舊床、建築完工後的祭祀	宜：拜祖先／神明、拆房子、大掃除、餘事勿取 ●忌：開幕／開工、蓋房子（陽宅）、陰宅動工 ◎日值月破大耗日，宜事少取	宜：結婚迎娶、訂婚、搬進新家、搬家、放新床／移舊床、拜祖先／神明、求神賜福、開光點眼、出外旅遊、大掃除、移動神位、蓋房子（陽宅）、養寵物、建築完工後的祭祀、葬禮、陰宅動工 ●忌：開幕／開工、買賣／簽約、裝上大樑／灌漿、廚房裝修／火爐移位
馬 10	蛇 11	龍 12	兔 13	虎 14	牛 15	鼠 16
西北	東北	東南	正南	西南	西北	東北
正東	正北	正北	西南	西南	東北	東北
占碓磨 房內南	占門床 房內南	房床栖 房內南	倉庫門 房內北	廚灶爐 房內北	碓磨廁 房內北	占門碓 房內北
龍 猴 牛	羊 兔 虎	馬 虎 兔	牛 蛇 龍	龍 鼠 蛇	兔 豬 馬	狗 虎 羊
白色 金色	白色 金色	粉紅色 赭紅色	正黃色 亮黃色	正黃色 亮黃色	粉紅色 赭紅色	墨綠色 蘋果綠

14	13	12	11	10	9	8	7
三	二	一	日	六	五	四	三
情人節 初五迎神				春節 彌勒聖誕	除夕	勿探病 小年夜 華嚴聖誕	
正月初五	正月初四	正月初三	正月初二	正月初一	十二月三十	十二月廿九	十二月廿八
戊申	丁未	丙午	乙巳	甲辰	癸卯	壬寅	辛丑
丑、未	酉、亥	酉、亥	子、申	丑、未	卯、巳	卯、巳	寅、午
宜：拜祖先／神明、大掃除、看醫生／動手術、拆房子 ●忌：餘事勿取 ◎日值月破大耗日，宜事少取	宜：結婚迎娶、拜祖先／神明、求神賜福、出外旅遊、大掃除、種花草、養寵物、移動神位、蓋房子（陽宅）、搬進新家、搬家、放新床／移舊床、裝上大樑／灌漿、陰宅動工、葬禮 ●忌：開幕／開工、買賣／簽約、剃胎毛／美容整形、廚房裝修／火爐移位	宜：大掃除、沐浴 ●忌：諸事不宜	宜：廚房裝修／火爐移位、大掃除、鋪平馬路 ●忌：種花草、出外旅遊、求神賜福、養寵物、葬禮	宜：結婚迎娶、開光點眼、親友聚會／派對、放新床／移舊床 ●忌：搬進新家、搬家、移動神位、安置神位、開幕／開工、買賣／簽約、廚房裝修／火爐移位、葬禮、蓋房子（陽宅）	宜：結婚迎娶、放新床／移舊床、開光點眼、出外旅遊、拜祖先／神明、蓋房子（陽宅）、移動神位、大掃除、親友聚會／派對、開幕／開工、買賣／簽約、搬進新家、搬家、陰宅動工、葬禮	宜：放新床／移舊床、大掃除、裁製婚紗、裝上大樑／灌漿、買賣／簽約、買房／進貨、養寵物、亡者入棺、葬禮 ●忌：結婚迎娶、出外旅遊、蓋房子（陽宅）、搬進新家、拜祖先／神明	宜：拜祖先／神明、求神賜福、亡者入棺、葬禮 ●忌：開光點眼、出外旅遊、結婚迎娶、搬進新家、搬家、廚房裝修／火爐移位、蓋房子（陽宅）
虎 63	牛 64	鼠 65	豬 66	狗 67	雞 67	猴 68	羊 69
東南	正南	西南	西北	東北	東南	正南	西南
正北	西南	西南	東北	東北	正南	正南	正東
房床爐 房內東	倉庫廁 房內東	廚灶碓 房內東	碓磨床 房內東	門雞栖 房內東	房床門 房內南	倉庫爐 房內南	廚灶廁 房內南
龍 鼠 蛇	兔 豬 馬	狗 虎 羊	牛 雞 猴	鼠 猴 雞	羊 豬 狗	狗 馬 豬	雞 蛇 鼠
正黃色 亮黃色	粉紅色 赭紅色	墨綠色 蘋果綠	墨綠色 蘋果綠	粉紅色 赭紅色	黑色 正藍色	黑色 正藍色	粉紅色 赭紅色

15	四		正月初六	己酉	子、申	宜：拜祖先／神明、求神賜福、開光點眼、移動神位、出外旅遊、蓋房子（陽宅）、裝上大樑／灌漿、搬進新家、搬家、亡者入棺、葬禮、陰宅動工 ●忌：結婚迎娶、廚房裝修／火爐移位、放新床／移舊床	兔 62	東北	正北	占大門 外東北	牛 蛇 龍	正黃色 亮黃色
16	五		正月初七	庚戌	丑、未	宜：亡者入棺、葬禮、陰宅動工 ●忌：諸事不宜	龍 61	西北	正東	碓磨栖 外東北	馬 虎 兔	粉紅色 赭紅色
17	六		正月初八	辛亥	寅、午	宜：搬家、拜祖先／神明、開光點眼、求神賜福、出外旅遊、大掃除、放新床／移舊床、蓋房子（陽宅）、裝上大樑／灌漿 ●忌：結婚迎娶、廚房裝修／火爐移位、葬禮、陰宅動工、養寵物	蛇 60	西南	正東	廚灶床 外東北	羊 兔 虎	白色 金色
18	日		正月初九	壬子	卯、巳	宜：結婚迎娶、開光點眼、求神賜福、蓋房子（陽宅）、大掃除、放新床／移舊床、種花草、拜祖先／神明、陰宅動工 ●忌：搬進新家、廚房裝修／火爐移位、葬禮、移動神位、出外旅遊、養寵物	馬 59	正南	正南	倉庫碓 外東北	龍 猴 牛	白色 金色
19	一	雨水	正月初十	癸丑	卯、巳	宜：拜祖先／神明、裁製婚紗、放新床／移舊床、廚房裝修／火爐移位、亡者入棺、葬禮 ●忌：移動神位、搬進新家 ◎鳳凰日：特別有利於女性開運	羊 58	東南	正南	房床廁 外東北	雞 蛇 鼠	粉紅色 赭紅色
20	二	勿探病	正月十一	甲寅	丑、未	宜：裁製婚紗、買房／進貨、買賣／簽約 ●忌：諸事不宜	猴 57	東北	東北	占門爐 外東北	狗 馬 豬	黑色 正藍色
21	三	勿探病	正月十二	乙卯	子、申	宜：結婚迎娶、拜祖先／神明、求神賜福、開光點眼、搬家、搬進新家、出外旅遊、移動神位、蓋房子（陽宅）、裝上大樑／灌漿、放新床／移舊床、開幕／開工、買賣／簽約、亡者入棺、陰宅動工、葬禮 ●忌：今日無禁忌，萬事放寬心	雞 56	西北	東北	碓磨門 外正東	羊 豬 狗	黑色 正藍色

29	28	27	26	25	24	23	22
四	三	二	一	日	六	五	四
	二二八和平紀念日				元宵節		
正月二十	正月十九	正月十八	正月十七	正月十六	正月十五	正月十四	正月十三
癸亥	壬戌	辛酉	庚申	己未	戊午	丁巳	丙辰
卯、巳	卯、巳	寅、午	丑、未	子、申	丑、未	酉、亥	酉、亥
宜：拜祖先／神明、沐浴、剃胎毛／美容整形、種花草、廚房裝修／火爐移位 ●忌：結婚迎娶、葬禮、開幕／開工、養寵物 ◎麒麟日：適合男性祈福開運	宜：拜祖先／神明、陰宅動工、建築完工後的祭祀、葬禮、餘事勿取 ●忌：結婚迎娶、搬進新家	宜：拜祖先／神明、沐浴、亡者入棺、陰宅動工、葬禮 ●忌：開幕／開工、結婚迎娶、放新床／移舊床、搬進新家、親友聚會／派對、廚房裝修／火爐移位、裝上大樑／灌漿	宜：看醫生／動手術、拆房子、餘事勿取 ●忌：開幕／開工、結婚迎娶 ◎日值月破大耗日，宜事少取	宜：蓋房子（陽宅）、亡者入棺、結婚迎娶、葬禮、陰宅動工 ●忌：開幕／開工、廚房裝修／火爐移位、放新床／移舊床、搬進新家、裝上大樑／灌漿、裁製婚紗	宜：拜祖先／神明、求神賜福、搬家、搬進新家、出外旅遊、訂婚、開幕／開工、買賣／簽約、移動神位、放新床／移舊床、葬禮、建築完工後的祭祀 ●忌：開光點眼、蓋房子（陽宅）、廚房裝修／火爐移位、種花草	宜：裝修粉刷、鋪平馬路、拜祖先／神明、餘事勿取 ●忌：諸事不宜	宜：拜祖先／神明、求神賜福、開光點眼、親友聚會／派對、出外旅遊、裝上大樑／灌漿、放新床／移舊床、結婚迎娶、訂婚、試車／安裝機械 ●忌：搬家、搬進新家、廚房裝修／火爐移位、葬禮、看醫生／動手術
蛇 48	龍 49	兔 50	虎 51	牛 52	鼠 53	豬 54	狗 55
東南	正南	西南	西北	東北	東南	正南	西南
正南	正南	正東	正東	正北	正北	西南	西南
占房床外東南	倉庫栖外東南	廚灶門外東南	碓磨爐外東南	占門廁外正東	房床碓外正東	倉庫床外正東	廚灶栖外正東
羊 兔 虎	馬 虎 兔	牛 蛇 龍	龍 鼠 蛇	兔 豬 馬	狗 虎 羊	牛 雞 猴	鼠 猴 雞
白色 金色	粉紅色 赭紅色	正黃色 亮黃色	正黃色 亮黃色	粉紅色 赭紅色	墨綠色 蘋果綠	墨綠色 蘋果綠	粉紅色 赭紅色

三月

7	6	5	4	3	2	1
四	三	二	一	日	六	五
勿探病		驚蟄				
正月廿七	正月廿六	正月廿五	正月廿四	正月廿三	正月廿二	正月廿一
庚午	己巳	戊辰	丁卯	丙寅	乙丑	甲子
丑、未	子、申	丑、未	酉、亥	酉、亥	子、申	丑、未
宜：亡者入棺、鋪平馬路、裝修粉刷 ●忌：廚房裝修／火爐移位、看醫生／動手術	宜：開光點眼、裁製婚紗、裝上大樑／灌漿、親友聚會／派對、試車／安裝機械、開幕／開工、買賣／簽約、買房／進貨、大掃除 ●忌：出外旅遊、結婚迎娶、搬進新家、葬禮	宜：親友聚會／派對、放新床／移舊床、試車／安裝機械、拜祖先／神明、求神賜福 ●忌：結婚迎娶、開幕／開工、蓋房子（陽宅）、廚房裝修／火爐移位、葬禮	宜：拜祖先／神明、求神賜福、開光點眼、結婚迎娶、大掃除、種花草、出外旅遊、放新床／移舊床、蓋房子（陽宅）、裝上大樑／灌漿、養寵物、陰宅動工、建築完工後的祭祀、葬禮 ●忌：搬家、搬進新家、移動神位、廚房裝修／火爐移位	宜：開光點眼、大掃除、裝上大樑／灌漿、買賣／簽約、養寵物、亡者入棺、葬禮 ●忌：搬進新家、出外旅遊、搬家、拜祖先／神明、結婚迎娶、蓋房子（陽宅）、陰宅動工、廚房裝修／火爐移位	宜：拜祖先／神明、求神賜福、養寵物、建築完工後的祭祀、亡者入棺 ●忌：種花草、開光點眼、出外旅遊、結婚迎娶、搬進新家、蓋房子（陽宅）、陰宅動工	宜：結婚迎娶、拜祖先／神明、開光點眼、求神賜福、出外旅遊、開幕／開工、買賣／簽約、蓋房子（陽宅）、買房／進貨、親友聚會／派對 ●忌：搬進新家、葬禮、養寵物、廚房裝修／火爐移位
鼠 41	豬 42	狗 43	雞 44	猴 45	羊 46	馬 47
西北	東北	東南	正南	西南	西北	東北
正東	正北	正北	西南	西南	東北	東北
占碓磨 外正南	占門床 外正南	房床栖 外正南	倉庫門 外正南	廚灶爐 外正南	碓磨廁 外東南	占門碓 外東南
狗 虎 羊	牛 雞 猴	鼠 猴 雞	羊 豬 狗	狗 馬 豬	雞 蛇 鼠	龍 猴 牛
墨綠色 蘋果綠	墨綠色 蘋果綠	粉紅色 赭紅色	黑色 正藍色	黑色 正藍色	粉紅色 赭紅色	白色 金色

14	13	12	11	10	9	8
四	三	二	一	日	六	五
		植樹節				婦女節
二月初五	二月初四	二月初三	二月初二	二月初一	正月廿九	正月廿八
丁丑	丙子	乙亥	甲戌	癸酉	壬申	辛未
酉、亥	酉、亥	子、申	丑、未	卯、巳	卯、巳	寅、午
宜：拜祖先／神明、求神賜福、沐浴、大掃除、開始上學、出外旅遊、訂婚、蓋房子（陽宅）、搬進新家、安置神位、裝上大樑／灌漿、建築完工後的祭祀 ●忌：廚房裝修／火爐移位、葬禮、開幕／開工	宜：裁製婚紗、結婚迎娶、放新床／移舊床、亡者入棺、買房／進貨 ●忌：廚房裝修／火爐移位、開幕／開工、葬禮	宜：拜祖先／神明、開光點眼、出外旅遊、訂婚、裁製婚紗、放新床／移舊床、蓋房子（陽宅）、裝上大樑／灌漿、搬家、搬進新家、安置神位、開幕／開工、買賣／簽約、沐浴 ●忌：結婚迎娶、種花草、葬禮	宜：拜祖先／神明、蓋房子（陽宅）、裝上大樑／灌漿、訂婚、結婚迎娶、試車／安裝機械、放新床／移舊床、搬進新家、搬家、大掃除、安置神位、亡者入棺、陰宅動工、葬禮、建築完工後的祭祀、出外旅遊、求神賜福 ●忌：開光點眼	宜：拆房子、看醫生／動手術 ●忌：諸事不宜	宜：拜祖先／神明、求神賜福、移動神位、蓋房子（陽宅）、訂婚、裁製婚紗、沐浴、裝上大樑／灌漿、葬禮、建築完工後的祭祀 ●忌：放新床／移舊床、開幕／開工、買賣／簽約、廚房裝修／火爐移位	宜：拜祖先／神明、結婚迎娶、求神賜福、訂婚、裁製婚紗、放新床／移舊床、搬進新家、安置神位、亡者入棺、葬禮、建築完工後的祭祀、親友聚會／派對、買賣／簽約、買房／進貨 ●忌：種花草
羊 34	馬 35	蛇 36	龍 37	兔 38	虎 39	牛 40
正南	西南	西北	東北	東南	正南	西南
西南	西南	東北	東北	正南	正南	正東
倉庫廁外正西	廚灶碓外西南	碓磨床外西南	門雞栖外西南	房床門外西南	倉庫爐外西南	廚灶廁外西南
雞蛇鼠	龍猴牛	羊兔虎	馬虎兔	牛蛇龍	龍鼠蛇	兔豬馬
粉紅色 赭紅色	白色 金色	白色 金色	粉紅色 赭紅色	正黃色 亮黃色	正黃色 亮黃色	粉紅色 赭紅色

15	16	17	18	19	20	21	22
五	六	日	一	二	三	四	五
天赦日	勿探病			勿探病	春分		
二月初六	二月初七	二月初八	二月初九	二月初十	二月十一	二月十二	二月十三
戊寅	己卯	庚辰	辛巳	壬午	癸未	甲申	乙酉
丑、未	子、申	丑、未	寅、午	卯、巳	卯、巳	丑、未	子、申
宜：養寵物、試車／安裝機械、放新床／移舊床、亡者入棺、陰宅動工、葬禮、買賣／簽約、買房／進貨、訂婚、裁製婚紗 ●忌：拜祖先／神明、開光點眼、結婚迎娶、搬進新家	宜：拜祖先／神明、出外旅遊、結婚迎娶、放新床／移舊床、亡者入棺、葬禮 ●忌：蓋房子（陽宅）、廚房裝修／火爐移位、種花草	宜：諸事不宜 ●忌：廚房裝修／火爐移位、葬禮、結婚迎娶 ◎日逢真滅沒宜事不取	宜：拜祖先／神明、開光點眼、求神賜福、開始上學、訂婚、裁製婚紗、試車／安裝機械、放新床／移舊床、親友聚會／派對、買房／進貨、開幕／開工、買賣／簽約、剃胎毛／美容整形 ●忌：出外旅遊、葬禮、結婚迎娶 ◎鳳凰日：特別有利於女性開運	宜：拜祖先／神明、結婚迎娶、葬禮 ●忌：種花草、廚房裝修／火爐移位、搬進新家 ◎日值四離日，宜事少取	宜：拜祖先／神明、開光點眼、親友聚會／派對、出外旅遊、訂婚、裁製婚紗、試車／安裝機械、裝上大樑／灌漿、葬禮、亡者入棺、開始上學、搬家、搬進新家、買賣／簽約	宜：拜祖先／神明、開光點眼、求神賜福、裁製婚紗、結婚迎娶、蓋房子（陽宅）、搬家、搬進新家、亡者入棺、葬禮、建築完工後的祭祀、開始上學、剃胎毛／美容整形、移動神位	宜：拜祖先／神明、看醫生／動手術、拆房子、餘事勿取 ●忌：諸事不宜 ◎日值月破大耗日，宜事少取
猴 33	雞 32	狗 31	豬 30	鼠 29	牛 28	虎 27	兔 26
東南	東北	西北	西南	正南	東南	東北	西北
正北	正北	正東	正東	正南	正南	東北	東北
房床爐 外正西	占大門 外正西	碓磨栖 外正西	廚灶床 外正西	倉庫碓 外西北	房床廁 外西北	占門爐 外西北	碓磨門 外西北
狗馬豬	羊豬狗	鼠猴雞	牛雞猴	狗虎羊	兔豬馬	龍鼠蛇	牛蛇龍
黑色 正藍色	黑色 正藍色	粉紅色 赭紅色	墨綠色 蘋果綠	墨綠色 蘋果綠	粉紅色 赭紅色	正黃色 亮黃色	正黃色 亮黃色

23	六		二月十四	丙戌	酉、亥	宜：結婚迎娶、拜祖先／神明、出外旅遊、搬家、買賣／簽約、開幕／開工、蓋房子（陽宅）、放新床／移舊床、亡者入棺、陰宅動工 ●忌：開光點眼、廚房裝修／火爐移位、葬禮	龍 25	西南	西南	廚灶栖 外西北	馬虎兔	粉紅色 赭紅色
24	日		二月十五	丁亥	酉、亥	宜：拜祖先／神明、求神賜福、開光點眼、搬進新家、搬家、開幕／開工、買賣／簽約、放新床／移舊床、蓋房子（陽宅）、裝上大樑／灌漿 ●忌：結婚迎娶、剃胎毛／美容整形、葬禮、養寵物	蛇 24	正南	西南	倉庫床 外西北	羊兔虎	白色 金色
25	一		二月十六	戊子	丑、未	宜：剃胎毛／美容整形、結婚迎娶 ●忌：養寵物、葬禮、陰宅動工、廚房裝修／火爐移位 ◎月半影食台灣不可見，宜事照常	馬 23	東南	正北	房床碓 外正北	龍猴牛	白色 金色
26	二		二月十七	己丑	子、申	宜：拜祖先／神明、開光點眼、求神賜福、移動神位、搬家、搬進新家、結婚迎娶、放新床／移舊床、蓋房子（陽宅）、陰宅動工、建築完工後的祭祀 ●忌：開幕／開工、葬禮、亡者入棺	羊 22	東北	正北	占門廁 外正北	雞蛇鼠	粉紅色 赭紅色
27	三		二月十八	庚寅	丑、未	宜：放新床／移舊床、蓋房子（陽宅）、裝上大樑／灌漿、買賣／簽約、種花草、養寵物、亡者入棺、葬禮 ●忌：結婚迎娶、拜祖先／神明、開光點眼、出外旅遊、搬家、搬進新家、移動神位	猴 21	西北	正東	碓磨爐 外正北	狗馬豬	黑色 正藍色
28	四	觀音聖誕	二月十九	辛卯	寅、午	宜：拜祖先／神明、求神賜福、出外旅遊、親友聚會／派對、開幕／開工、買賣／簽約、結婚迎娶、葬禮 ●忌：蓋房子（陽宅）、搬家、搬進新家 ◎麒麟日：適合男性祈福開運	雞 20	西南	正東	廚灶門 外正北	羊豬狗	黑色 正藍色
29	五	青年節	二月二十	壬辰	卯、巳	宜：新生兒第一次剪指甲、大掃除、餘事勿取、諸事不宜 ●忌：結婚迎娶、廚房裝修／火爐移位、葬禮 ◎日值受死日忌諸吉事	狗 19	正南	正南	倉庫栖 外正北	鼠猴雞	粉紅色 赭紅色
30	六	普賢聖誕	二月廿一	癸巳	卯、巳	宜：開光點眼、放新床／移舊床、裝上大樑／灌漿、買房／進貨、開幕／開工、買賣／簽約 ●忌：蓋房子（陽宅）、陰宅動工、葬禮、出外旅遊、搬家、搬進新家、結婚迎娶、建築完工後的祭祀	豬 18	東南	正南	占房床 房內北	牛雞猴	墨綠色 蘋果綠

四月

31	1	2	3	4	5	6	7
日	一	二	三	四	五	六	日
				兒童節 清明節			
二月廿二	二月廿三	二月廿四	二月廿五	二月廿六	二月廿七	二月廿八	二月廿九
甲午	乙未	丙申	丁酉	戊戌	己亥	庚子	辛丑
丑、未	子、申	酉、亥	酉、亥	丑、未	子、申	丑、未	寅、午
宜：拜祖先／神明、求神賜福、結婚迎娶、裝修粉刷、鋪平馬路 ●忌：廚房裝修／火爐移位、開幕／開工、買賣／簽約、種花草	宜：拜祖先／神明、開光點眼、求神賜福、出外旅遊、搬家、搬進新家、結婚迎娶、移動神位、放新床／移舊床、買房／進貨 ●忌：蓋房子（陽宅）、葬禮	宜：結婚迎娶、開光點眼、拜祖先／神明、求神賜福、大掃除、種花草、出外旅遊、移動神位、搬進新家、搬家、陰宅動工、建築完工後的祭祀、葬禮 ●忌：開幕／開工、買賣／簽約、廚房裝修／火爐移位、買房／進貨、裝上大樑／灌漿、放新床／移舊床	宜：拆房子、看醫生／動手術、餘事勿取 ●忌：開光點眼、結婚迎娶	宜：放新床／移舊床、試車／安裝機械、蓋房子（陽宅）、葬禮、陰宅動工、買賣／簽約、訂婚 ●忌：結婚迎娶、開光點眼、廚房裝修／火爐移位	宜：沐浴 ●忌：結婚迎娶、搬進新家、葬禮 ◎日值受死日忌諸吉事	●忌：諸事不宜	宜：大掃除、拆房子、餘事勿取 ●忌：諸事不宜 ◎日值季月紅紗正煞，宜事少取
鼠 17	牛 16	虎 15	兔 14	龍 13	蛇 12	馬 11	羊 10
東北	西北	西南	正南	東南	東北	西北	西南
東北	東北	西南	西南	正北	正北	正東	正東
占門碓 房內北	碓磨廁 房內北	廚灶爐 房內北	倉庫門 房內北	房床栖 房內南	占門床 房內南	占碓磨 房內南	廚灶廁 房內南
狗 虎 羊	兔 豬 馬	龍 鼠 蛇	牛 蛇 龍	馬 虎 兔	羊 兔 虎	龍 猴 牛	雞 蛇 鼠
墨綠色 蘋果綠	粉紅色 赭紅色	正黃色 亮黃色	正黃色 亮黃色	粉紅色 赭紅色	白色 金色	白色 金色	粉紅色 赭紅色

14	13	12	11	10	9	8
日	六	五	四	三	二	一
						勿探病
三月初六	三月初五	三月初四	三月初三	三月初二	三月初一	二月三十
戊申	丁未	丙午	乙巳	甲辰	癸卯	壬寅
丑、未	酉、亥	酉、亥	子、申	丑、未	卯、巳	卯、巳
宜：拜祖先／神明、求神賜福、開光點眼、大掃除、養寵物、蓋房子（陽宅）、買房／進貨、買賣／簽約 ●忌：出外旅遊、結婚迎娶、放新床／移舊床、葬禮、廚房裝修／火爐移位	宜：拜祖先／神明、鋪平馬路、大掃除、裝修粉刷、餘事勿取 ●忌：諸事不宜	宜：開光點眼、出外旅遊、種花草、剃胎毛／美容整形、訂婚、結婚迎娶、親友聚會／派對、開幕／開工、放新床／移舊床、亡者入棺 ●忌：建築完工後的祭祀、求神賜福、裝上大樑／灌漿、廚房裝修／火爐移位、搬進新家	宜：拜祖先／神明、求神賜福、開光點眼、大掃除、移動神位、搬進新家、搬家、放新床／移舊床、蓋房子（陽宅） ●忌：結婚迎娶、買房／進貨、葬禮、出外旅遊、開幕／開工、買賣／簽約、廚房裝修／火爐移位、種花草	●宜：出外旅遊、裝修粉刷、餘事勿取 ●忌：諸事不宜	宜：結婚迎娶、出外旅遊、放新床／移舊床、買賣／簽約、廚房裝修／火爐移位、亡者入棺、陰宅動工、葬禮 ●忌：開光點眼、開幕／開工 ◎日全食台灣不可見，宜事照常	宜：結婚迎娶、開光點眼、出外旅遊、移動神位、開幕／開工、買賣／簽約、搬進新家、搬家、放新床／移舊床、種花草 ●忌：求神賜福、亡者入棺、拜祖先／神明、葬禮、廚房裝修／火爐移位
虎 63	牛 64	鼠 65	豬 66	狗 67	雞 68	猴 69
東南	正南	西南	西北	東北	東南	正南
正北	西南	西南	東北	東北	正南	正南
房床爐 房內東	倉庫廁 房內東	廚灶碓 房內東	碓磨床 房內東	門雞栖 房內東	房床門 房內南	倉庫爐 房內南
龍 鼠 蛇	兔 豬 馬	狗 虎 羊	牛 雞 猴	鼠 猴 雞	羊 豬 狗	狗 馬 豬
正黃色 亮黃色	粉紅色 赭紅色	墨綠色 蘋果綠	墨綠色 蘋果綠	粉紅色 赭紅色	黑色 正藍色	黑色 正藍色

22	21	20	19	18	17	16	15
一	日	六	五	四	三	二	一
	勿探病	勿探病	穀雨				
三月十四	三月十三	三月十二	三月十一	三月初十	三月初九	三月初八	三月初七
丙辰	乙卯	甲寅	癸丑	壬子	辛亥	庚戌	己酉
酉、亥	子、申	丑、未	卯、巳	卯、巳	寅、午	丑、未	子、申
宜：拜祖先／神明、出外旅遊、餘事勿取 ●忌：開光點眼、葬禮、陰宅動工	宜：拜祖先／神明、裁製婚紗、放新床／移舊床、買賣／簽約、亡者入棺、陰宅動工、葬禮、建築完工後的祭祀 ●忌：結婚迎娶、開幕／開工、開光點眼、種花草	宜：求神賜福、開光點眼、出外旅遊、大掃除、移動神位、搬家、搬進新家、結婚迎娶、放新床／移舊床、開幕／開工、買賣／簽約、蓋房子（陽宅）、陰宅動工、建築完工後的祭祀 ●忌：拜祖先／神明、亡者入棺、葬禮	宜：大掃除、拆房子、餘事勿取 ●忌：諸事不宜	宜：拜祖先／神明、求神賜福、開光點眼、大掃除、移動神位、訂婚、放新床／移舊床、蓋房子（陽宅）、陰宅動工、葬禮、亡者入棺、裝上大樑／灌漿 ●忌：今日無禁忌，萬事放寬心	宜：大掃除、餘事勿取 ●忌：諸事不宜	宜：拜祖先／神明、大掃除、拆房子、餘事勿取 ●忌：諸事不宜	宜：拜祖先／神明、求神賜福、開光點眼、大掃除、移動神位、搬進新家、放新床／移舊床、養寵物、葬禮 ●忌：蓋房子（陽宅）、陰宅動工、買房／進貨、開幕／開工、買賣／簽約 ◎鳳凰日：特別有利於女性開運
狗 55	雞 56	猴 57	羊 58	馬 59	蛇 60	龍 61	兔 62
西南	西北	東北	東南	正南	西南	西北	東北
西南	東北	東北	正南	正南	正東	正東	正北
廚灶棲外正東	碓磨門外正東	占門爐外東北	房床廁外東北	倉庫碓外東北	廚灶床外東北	碓磨棲外東北	占大門外東北
鼠 猴 雞	羊 豬 狗	狗 馬 豬	雞 蛇 鼠	龍 猴 牛	羊 兔 虎	馬 虎 兔	牛 蛇 龍
粉紅色、赭紅色	黑色、正藍色	黑色、正藍色	粉紅色、赭紅色	白色、金色	白色、金色	粉紅色、赭紅色	正黃色、亮黃色

30	29	28	27	26	25	24	23
二	一	日	六	五	四	三	二
						準提聖誕	
三月廿二	三月廿一	三月二十	三月十九	三月十八	三月十七	三月十六	三月十五
甲子	癸亥	壬戌	辛酉	庚申	己未	戊午	丁巳
丑、未	卯、巳	卯、巳	寅、午	丑、未	子、申	丑、未	酉、亥
宜：開幕／開工、買賣／簽約、拜祖先／神明、開光點眼、求神賜福、放新床／移舊床、大掃除、葬禮 ●忌：合八字、訂婚、結婚迎娶、搬進新家、移動神位、蓋房子（陽宅）、陰宅動工、養寵物	宜：沐浴、大掃除、餘事勿取 ●忌：求神賜福、葬禮 ◎日值受死日忌諸吉事	宜：拜祖先／神明、沐浴、大掃除、拆房子、看醫生／動手術、餘事勿取 ●忌：結婚迎娶、開幕／開工 ◎日值月破大耗日，宜事少取	宜：拜祖先／神明、大掃除、新生兒第一次剪指甲、亡者入棺、葬禮、建築完工後的祭祀 ●忌：蓋房子（陽宅）、陰宅動工	宜：沐浴、拜祖先／神明、大掃除、葬禮、陰宅動工、建築完工後的祭祀、餘事勿取 ●忌：開光點眼、結婚迎娶、搬進新家、裝上大樑／灌漿	宜：拜祖先／神明、廚房裝修／火爐移位、裝修粉刷、鋪平馬路、餘事勿取 ●忌：結婚迎娶、放新床／移舊床、看醫生／動手術 ◎麒麟日：適合男性祈福開運	宜：開光點眼、出外旅遊、開幕／開工、買賣／簽約、結婚迎娶、剃胎毛／美容整形、放新床／移舊床 ●忌：求神賜福、移動神位、蓋房子（陽宅）、陰宅動工、葬禮、裝上大樑／灌漿、搬進新家	宜：拜祖先／神明、求神賜福、開光點眼、大掃除、種花草、養寵物、訂婚 ●忌：廚房裝修／火爐移位、出外旅遊、葬禮、搬進新家
馬 47	蛇 48	龍 49	兔 50	虎 51	牛 52	鼠 53	豬 54
東北	東南	正南	西南	西北	東北	東南	正南
東北	正南	正南	正東	正東	正北	正北	西南
占門碓 外東南	占房床 外東南	倉庫栖 外東南	廚灶門 外東南	碓磨爐 外東南	占門廁 外正東	房床碓 外正東	倉庫床 外正東
龍 猴 牛	羊 兔 虎	馬 虎 兔	牛 蛇 龍	龍 鼠 蛇	兔 豬 馬	狗 虎 羊	牛 雞 猴
白色 金色	白色 金色	粉紅色 赭紅色	正黃色 亮黃色	正黃色 亮黃色	粉紅色 赭紅色	墨綠色 蘋果綠	墨綠色 蘋果綠

五月

1	三	勞動節	三月廿三	乙丑	子、申	宜：拜祖先／神明、買房／進貨、養寵物、餘事勿取 ●忌：結婚迎娶、搬進新家 ◎日值季月紅紗正煞，宜事少取	羊 46	西北	東北	碓磨廁 外東南	雞 蛇 鼠	粉紅色 赭紅色
2	四		三月廿四	丙寅	酉、亥	宜：安置神位、移動神位、開光點眼、出外旅遊、大掃除、訂婚、結婚迎娶、放新床／移舊床、開幕／開工、買賣／簽約、蓋房子（陽宅）、種花草 ●忌：廚房裝修／火爐移位、葬禮、拜祖先／神明、亡者入棺	猴 45	西南	西南	廚灶爐 外正南	狗 馬 豬	黑色 正藍色
3	五		三月廿五	丁卯	酉、亥	宜：拜祖先／神明、出外旅遊、搬家、蓋房子（陽宅）、放新床／移舊床、亡者入棺、陰宅動工、葬禮 ●忌：搬進新家、廚房裝修／火爐移位、剃胎毛／美容整形、開光點眼	雞 44	正南	西南	倉庫門 外正南	羊 豬 狗	黑色 正藍色
4	六		三月廿六	戊辰	丑、未	宜：拜祖先／神明、裝修粉刷、餘事勿取 ●忌：開光點眼、蓋房子（陽宅）、陰宅動工	狗 43	東南	正北	房床栖 外正南	鼠 猴 雞	粉紅色 赭紅色
5	日	立夏	三月廿七	己巳	子、申	宜：拜祖先／神明、求神賜福、開光點眼、移動神位、搬家、搬進新家、結婚迎娶、裝上大樑／灌漿、親友聚會／派對、看醫生／動手術 ●忌：出外旅遊、廚房裝修／火爐移位、葬禮、開幕／開工、買賣／簽約、訂婚	豬 42	東北	正北	占門床 外正南	牛 雞 猴	墨綠色 蘋果綠
6	一	勿探病	三月廿八	庚午	丑、未	宜：結婚迎娶、訂婚、出外旅遊、拜祖先／神明、求神賜福、蓋房子（陽宅）、裝上大樑／灌漿、陰宅動工、葬禮 ●忌：搬家、搬進新家	鼠 41	西北	正東	占碓磨 外正南	狗 虎 羊	墨綠色 蘋果綠
7	二		三月廿九	辛未	寅、午	宜：親友聚會／派對、放新床／移舊床、廚房裝修／火爐移位、訂婚 ●忌：開幕／開工、葬禮 ◎麒麟日：適合男性祈福開運	牛 40	西南	正東	廚灶廁 外西南	兔 豬 馬	粉紅色 赭紅色
8	三		四月初一	壬申	卯、巳	宜：沐浴、鋪平馬路、亡者入棺、陰宅動工、葬禮、餘事勿取 ●忌：諸事不宜	虎 39	正南	正南	倉庫爐 外西南	龍 鼠 蛇	正黃色 亮黃色

15	14	13	12	11	10	9
三	二	一	日	六	五	四
勿探病 佛祖聖誕			母親節	文殊聖誕		
四月初八	四月初七	四月初六	四月初五	四月初四	四月初三	四月初二
己卯	戊寅	丁丑	丙子	乙亥	甲戌	癸酉
子、申	丑、未	酉、亥	酉、亥	子、申	丑、未	卯、巳
宜：拜祖先／神明、求神賜福、開光點眼、出外旅遊、結婚迎娶、放新床／移舊床、開幕／開工、買賣／簽約 ●忌：養寵物、搬進新家、搬家、葬禮、裝上大樑／灌漿、亡者入棺、蓋房子（陽宅）	宜：大掃除、餘事勿取 ●忌：諸事不宜	宜：拜祖先／神明、求神賜福、開光點眼、開幕／開工、買賣／簽約、放新床／移舊床、蓋房子（陽宅）、陰宅動工、葬禮、種花草 ●忌：搬進新家、搬家、剃胎毛／美容整形、移動神位、結婚迎娶、出外旅遊	宜：拜祖先／神明、求神賜福、開光點眼、種花草、養寵物、大掃除、親友聚會／派對、出外旅遊、結婚迎娶、移動神位、蓋房子（陽宅）、裝上大樑／灌漿、搬進新家、搬家、放新床／移舊床 ●忌：今日無禁忌，萬事放寬心	宜：拜祖先／神明、大掃除、拆房子、餘事勿取 ●忌：諸事不宜 ◎日值月破大耗日，宜事少取	宜：拜祖先／神明、開光點眼、出外旅遊、大掃除、裁製婚紗、亡者入棺、陰宅動工、葬禮 ●忌：結婚迎娶、裝上大樑／灌漿、搬進新家、移動神位、蓋房子（陽宅）	宜：結婚迎娶、拜祖先／神明、求神賜福、開光點眼、種花草、出外旅遊、移動神位、蓋房子（陽宅）、裝上大樑／灌漿、搬家、搬進新家、放新床／移舊床、開幕／開工、買賣／簽約、陰宅動工、葬禮 ●忌：今日無禁忌，萬事放寬心
雞 32	猴 33	羊 34	馬 35	蛇 36	龍 37	兔 38
東北	東南	正南	西南	西北	東北	東南
正北	正北	西南	西南	東北	東北	正南
占大門 外正西	房床爐 外正西	倉庫廁 外正西	廚灶碓 外西南	碓磨床 外西南	門雞栖 外西南	房床門 外西南
羊豬狗	狗馬豬	雞蛇鼠	龍猴牛	羊兔虎	馬虎兔	牛蛇龍
黑色 正藍色	黑色 正藍色	粉紅色 赭紅色	白色 金色	白色 金色	粉紅色 赭紅色	正黃色 亮黃色

23	22	21	20	19	18	17	16
四	三	二	一	日	六	五	四
	佛祖成道日		小滿		勿探病		
四月十六	四月十五	四月十四	四月十三	四月十二	四月十一	四月初十	四月初九
丁亥	丙戌	乙酉	甲申	癸未	壬午	辛巳	庚辰
酉、亥	酉、亥	子、申	丑、未	卯、巳	卯、巳	寅、午	丑、未
宜：拆房子、沐浴、大掃除、餘事勿取 ●忌：諸事不宜 ◎日值月破大耗日，宜事少取	宜：拜祖先／神明、求神賜福、開光點眼、親友聚會／派對、結婚迎娶、裁製婚紗、放新床／移舊床、蓋房子（陽宅）、裝上大樑／灌漿、大掃除 ●忌：今日無禁忌，萬事放寬心	宜：拜祖先／神明、求神賜福、開光點眼、移動神位、大掃除、出外旅遊、結婚迎娶、搬進新家、搬家、放新床／移舊床、開幕／開工、買賣／簽約、蓋房子（陽宅）、裝上大樑／灌漿、葬禮、陰宅動工、建築完工後的祭祀 ●忌：今日無禁忌，萬事放寬心	宜：沐浴、鋪平馬路、大掃除、亡者入棺、陰宅動工、葬禮 ●忌：結婚迎娶、搬家、拜祖先／神明、求神賜福、放新床／移舊床	宜：親友聚會／派對 ●忌：裝上大樑／灌漿、蓋房子（陽宅）、葬禮 ◎鳳凰日：特別有利於女性開運	宜：開幕／開工、買賣／簽約、開光點眼、種花草、出外旅遊、搬進新家、蓋房子（陽宅）、裝上大樑／灌漿、陰宅動工、葬禮 ●忌：結婚迎娶、放新床／移舊床、廚房裝修／火爐移位	宜：大掃除、餘事勿取 ●忌：諸事不宜 ◎日值受死日忌諸吉事	宜：拜祖先／神明、求神賜福、種花草、出外旅遊、結婚迎娶、移動神位、蓋房子（陽宅）、放新床／移舊床、搬進新家、搬家、廚房裝修／火爐移位、陰宅動工、葬禮 ●忌：開光點眼
蛇 24	龍 25	兔 26	虎 27	牛 28	鼠 29	豬 30	狗 31
正南	西南	西北	東北	東南	正南	西南	西北
西南	西南	東北	東北	正南	正南	正東	正東
倉庫床 外西北	廚灶栖 外西北	碓磨門 外西北	占門爐 外西北	房床廁 外西北	倉庫碓 外西北	廚灶床 外正西	碓磨栖 外正西
羊兔虎	馬虎兔	牛蛇龍	龍鼠蛇	兔豬馬	狗虎羊	牛雞猴	鼠猴雞
白色 金色	粉紅色 赭紅色	正黃色 亮黃色	正黃色 亮黃色	粉紅色 赭紅色	墨綠色 蘋果綠	墨綠色 蘋果綠	粉紅色 赭紅色

30	29	28	27	26	25	24
四	三	二	一	日	六	五
天赦日						
四月廿三	四月廿二	四月廿一	四月二十	四月十九	四月十八	四月十七
甲午	癸巳	壬辰	辛卯	庚寅	己丑	戊子
丑、未	卯、巳	卯、巳	寅、午	丑、未	子、申	丑、未
宜：訂婚、結婚迎娶、拜祖先／神明、求神賜福、開光點眼、大掃除、種花草、養寵物、出外旅遊、移動神位、搬進新家、搬家、蓋房子（陽宅）、陰宅動工、亡者入棺、葬禮 ●忌：廚房裝修／火爐移位、放新床／移舊床	宜：撲滅害蟲、餘事勿取 ●忌：結婚迎娶、葬禮、搬進新家、出外旅遊、蓋房子（陽宅） ◎日值受死日忌諸吉事	宜：結婚迎娶、買賣／簽約 ●忌：裝上大樑／灌漿、開幕／開工、開光點眼、搬進新家、搬家、放新床／移舊床	宜：拜祖先／神明、求神賜福、開光點眼、出外旅遊、種花草、養寵物、開幕／開工、買賣／簽約、放新床／移舊床、搬家、蓋房子（陽宅）、陰宅動工 ●忌：搬進新家、亡者入棺、葬禮	宜：出外旅遊、訂婚、裝上大樑／灌漿、廚房裝修／火爐移位、搬家、搬進新家、大掃除、養寵物 ●忌：拜祖先／神明、放新床／移舊床、蓋房子（陽宅）、葬禮、陰宅動工	宜：拜祖先／神明、求神賜福、開光點眼、放新床／移舊床、出外旅遊、大掃除、種花草、養寵物、蓋房子（陽宅）、裝上大樑／灌漿、開幕／開工、買賣／簽約、陰宅動工 ●忌：結婚迎娶、搬進新家、搬家、葬禮	宜：訂婚、結婚迎娶、拜祖先／神明、求神賜福、開光點眼、移動神位、蓋房子（陽宅）、放新床／移舊床、搬進新家、搬家、種花草、亡者入棺、陰宅動工、葬禮 ●忌：開幕／開工、買賣／簽約
鼠 17	豬 18	狗 19	雞 20	猴 21	羊 22	馬 23
東北	東南	正南	西南	西北	東北	東南
東北	正南	正南	正東	正東	正北	正北
占門碓房內北	占房床房內北	倉庫栖外正北	廚灶門外正北	碓磨爐外正北	占門廁外正北	房床碓外正北
狗 虎 羊	牛 雞 猴	鼠 猴 雞	羊 豬 狗	狗 馬 豬	雞 蛇 鼠	龍 猴 牛
墨綠色 蘋果綠	墨綠色 蘋果綠	粉紅色 赭紅色	黑色 正藍色	黑色 正藍色	粉紅色 赭紅色	白色 金色

六月

31	1	2	3	4	5	6
五	六	日	一	二	三	四
					芒種	
四月廿四	四月廿五	四月廿六	四月廿七	四月廿八	四月廿九	五月初一
乙未	丙申	丁酉	戊戌	己亥	庚子	辛丑
子、申	酉、亥	酉、亥	丑、未	子、申	丑、未	寅、午
宜：開光點眼、放新床／移舊床、廚房裝修／火爐移位、訂婚、裁製婚紗 ●忌：結婚迎娶、種花草、蓋房子（陽宅）、出外旅遊、葬禮、建築完工後的祭祀	宜：剃胎毛／美容整形、出外旅遊、蓋房子（陽宅）、訂婚、結婚迎娶、裁製婚紗、開幕／開工、買賣／簽約、搬家、裝上大樑／灌漿、種花草、養寵物 ●忌：葬禮、放新床／移舊床、拜祖先／神明、求神賜福	宜：拜祖先／神明、求神賜福、出外旅遊、試車／安裝機械、開幕／開工、買賣／簽約、蓋房子（陽宅）、放新床／移舊床、葬禮、陰宅動工 ●忌：廚房裝修／火爐移位、結婚迎娶、搬家、搬進新家、剃胎毛／美容整形	宜：結婚迎娶、訂婚、拜祖先／神明、求神賜福、開光點眼、移動神位、出外旅遊、蓋房子（陽宅）、搬進新家、搬家、放新床／移舊床、大掃除、種花草、陰宅動工、亡者入棺、葬禮、建築完工後的祭祀 ●忌：開幕／開工、買賣／簽約	宜：拜祖先／神明、沐浴、大掃除、拆房子、餘事勿取 ●忌：開光點眼、葬禮 ◎麒麟日：適合男性祈福開運	宜：拜祖先／神明、求神賜福、開光點眼、出外旅遊、大掃除、訂婚、結婚迎娶、移動神位、搬家、搬進新家、放新床／移舊床、種花草、養寵物、陰宅動工、蓋房子（陽宅）、建築完工後的祭祀、葬禮 ●忌：廚房裝修／火爐移位、開幕／開工 ◎日值月破大耗日，宜事少取	宜：結婚迎娶、訂婚、拜祖先／神明、求神賜福、亡者入棺、陰宅動工、葬禮 ●忌：開光點眼、開幕／開工
牛 16	虎 15	兔 14	龍 13	蛇 12	馬 11	羊 10
西北	西南	正南	東南	東北	西北	西南
東北	西南	西南	正北	正北	正東	正東
碓磨廁 房內北	廚灶爐 房內北	倉庫門 房內北	房床栖 房內南	占門床 房內南	占碓磨 房內南	廚灶廁 房內南
兔豬馬	龍鼠蛇	牛蛇龍	馬虎兔	羊兔虎	龍猴牛	雞蛇鼠
粉紅色 赭紅色	正黃色 亮黃色	正黃色 亮黃色	粉紅色 赭紅色	白色 金色	白色 金色	粉紅色 赭紅色

7	五	勿探病	五月初二	壬寅	卯、巳	宜：開光點眼、蓋房子（陽宅）、裝上大樑／灌漿、亡者入棺、陰宅動工、葬禮、看醫生／動手術 ●忌：結婚迎娶	猴 69	正南	正南	倉庫爐 房內南	狗 馬 豬	黑色 正藍色
8	六		五月初三	癸卯	卯、巳	宜：拜祖先／神明、種花草、餘事勿取 ●忌：諸事不宜	雞 68	東南	正南	房床門 房內南	羊 豬 狗	黑色 正藍色
9	日		五月初四	甲辰	丑、未	宜：結婚迎娶、開光點眼、拜祖先／神明、求神賜福、種花草、出外旅遊、大掃除、搬進新家、搬家、放新床／移舊床、移動神位、裝上大樑／灌漿 ●忌：葬禮、開幕／開工、買賣／簽約	狗 67	東北	東北	門雞棲 房內東	鼠 猴 雞	粉紅色 赭紅色
10	一	端午節	五月初五	乙巳	子、申	宜：蓋房子（陽宅）、裝上大樑／灌漿、廚房裝修／火爐移位、結婚迎娶、訂婚、裁製婚紗 ●忌：葬禮、出外旅遊、求神賜福、種花草	豬 66	西北	東北	碓磨床 房內東	牛 雞 猴	墨綠色 蘋果綠
11	二		五月初六	丙午	酉、亥	宜：拜祖先／神明、大掃除、餘事勿取 ●忌：諸事不宜	鼠 65	西南	西南	廚灶碓 房內東	狗 虎 羊	墨綠色 蘋果綠
12	三		五月初七	丁未	酉、亥	宜：拜祖先／神明、求神賜福、移動神位、開光點眼、種花草、出外旅遊、結婚迎娶、搬進新家、搬家、放新床／移舊床、蓋房子（陽宅）、開幕／開工、買賣／簽約 ●忌：葬禮	牛 64	正南	西南	倉庫廁 房內東	兔 豬 馬	粉紅色 赭紅色
13	四		五月初八	戊申	丑、未	宜：開光點眼、出外旅遊、大掃除、種花草、搬家、搬進新家、移動神位、裝上大樑／灌漿、開幕／開工、買賣／簽約、亡者入棺、葬禮 ●忌：放新床／移舊床	虎 63	東南	正北	房床爐 房內東	龍 鼠 蛇	正黃色 亮黃色
14	五		五月初九	己酉	子、申	宜：拜祖先／神明、剃胎毛／美容整形、裝修粉刷、鋪平馬路、沐浴、新生兒第一次剪指甲、大掃除 ●忌：出外旅遊、結婚迎娶、裝上大樑／灌漿、搬進新家	兔 62	東北	正北	占大門 外東北	牛 蛇 龍	正黃色 亮黃色

22	21	20	19	18	17	16	15
六	五	四	三	二	一	日	六
	夏至	勿探病	勿探病	伽藍聖誕			
五月十七	五月十六	五月十五	五月十四	五月十三	五月十二	五月十一	五月初十
丁巳	丙辰	乙卯	甲寅	癸丑	壬子	辛亥	庚戌
酉、亥	酉、亥	子、申	丑、未	卯、巳	卯、巳	寅、午	丑、未
宜：蓋房子（陽宅）、放新床／移舊床、種花草 ●忌：結婚迎娶、搬進新家、搬家、移動神位、出外旅遊、葬禮、開光點眼、剃胎毛／美容整形	宜：大掃除、拆房子、餘事勿取 ●忌：諸事不宜	宜：拜祖先／神明、廚房裝修／火爐移位、餘事勿取 ●忌：諸事不宜	宜：種花草、放新床／移舊床、開幕／開工、買賣／簽約、買房／進貨、蓋房子（陽宅）、裝上大樑／灌漿、亡者入棺、葬禮、陰宅動工 ●忌：結婚迎娶、移動神位、拜祖先／神明、搬進新家、搬家、養寵物	宜：開幕／開工、買賣／簽約、買房／進貨、拜祖先／神明、蓋房子（陽宅）、放新床／移舊床、陰宅動工 ●忌：結婚迎娶、搬家、廚房裝修／火爐移位、種花草	宜：拆房子、餘事勿取 ●忌：諸事不宜 ◎日值月破大耗日會四絕日，宜事少取	宜：拜祖先／神明、求神賜福、開光點眼、出外旅遊、搬家、搬進新家、移動神位、蓋房子（陽宅）、放新床／移舊床 ●忌：結婚迎娶、開幕／開工、買賣／簽約、葬禮 ◎鳳凰日：特別有利於女性開運	宜：拜祖先／神明、開光點眼、求神賜福、種花草、養寵物、出外旅遊、結婚迎娶、移動神位、蓋房子（陽宅）、搬進新家、搬家、放新床／移舊床、買賣／簽約、亡者入棺、陰宅動工、葬禮 ●忌：今日無禁忌，萬事放寬心
豬 54	狗 55	雞 56	猴 57	羊 58	馬 59	蛇 60	龍 61
正南	西南	西北	東北	東南	正南	西南	西北
西南	西南	東北	東北	正南	正南	正東	正東
倉庫床 外正東	廚灶栖 外正東	碓磨門 外正東	占門爐 外東北	房床廁 外東北	倉庫碓 外東北	廚灶床 外東北	碓磨栖 外東北
牛 雞 猴	鼠 猴 雞	羊 豬 狗	狗 馬 豬	雞 蛇 鼠	龍 猴 牛	羊 兔 虎	馬 虎 兔
墨綠色 蘋果綠	粉紅色 赭紅色	黑色 正藍色	黑色 正藍色	粉紅色 赭紅色	白色 金色	白色 金色	粉紅色 赭紅色

29	28	27	26	25	24	23
六	五	四	三	二	一	日
五月廿四	五月廿三	五月廿二	五月廿一	五月二十	五月十九	五月十八
甲子	癸亥	壬戌	辛酉	庚申	己未	戊午
丑、未	卯、巳	卯、巳	寅、午	丑、未	子、申	丑、未
宜：拜祖先／神明、拆房子、餘事勿取 ●忌：搬家、搬進新家 ◎日值月破大耗日會受死日，宜事少取	宜：拜祖先／神明、沐浴、餘事勿取 ●忌：結婚迎娶、開幕／開工、葬禮	宜：結婚迎娶、訂婚、拜祖先／神明、求神賜福、開光點眼、移動神位、出外旅遊、蓋房子（陽宅）、搬進新家、搬家、放新床／移舊床、買賣／簽約、買房／進貨、亡者入棺、葬禮 ●忌：陰宅動工	宜：結婚迎娶、拜祖先／神明、剃胎毛／美容整形、裝修粉刷、鋪平馬路、新生兒第一次剪指甲、廚房裝修／火爐移位、沐浴 ●忌：陰宅動工、出外旅遊、種花草	宜：結婚迎娶、開光點眼、拜祖先／神明、求神賜福、大掃除、種花草、出外旅遊、搬家、搬進新家、移動神位、安置神位、裝上大樑／灌漿、廚房裝修／火爐移位、開幕／開工、買房／進貨、葬禮 ●忌：訂婚、放新床／移舊床、建築完工後的祭祀、陰宅動工、蓋房子（陽宅）	宜：訂婚、結婚迎娶、拜祖先／神明、求神賜福、開幕／開工、買房／進貨、買賣／簽約、種花草、大掃除、搬家、出外旅遊、蓋房子（陽宅）、安置神位、放新床／移舊床 ●忌：葬禮、陰宅動工、廚房裝修／火爐移位	宜：拜祖先／神明、撲滅害蟲、餘事勿取 ●忌：搬家、搬進新家、蓋房子（陽宅）
馬 47	蛇 48	龍 49	兔 50	虎 51	牛 52	鼠 53
東北	東南	正南	西南	西北	東北	東南
東北	正南	正南	正東	正東	正北	正北
占門碓外東南	占房床外東南	倉庫栖外東南	廚灶門外東南	碓磨爐外東南	占門廁外正東	房床碓外正東
龍猴牛	羊兔虎	馬虎兔	牛蛇龍	龍鼠蛇	兔豬馬	狗虎羊
白色 金色	白色 金色	粉紅色 赭紅色	正黃色 亮黃色	正黃色 亮黃色	粉紅色 赭紅色	墨綠色 蘋果綠

七月

30	1	2	3	4	5	6	7
日	一	二	三	四	五	六	日
					勿探病	小暑	
五月廿五	五月廿六	五月廿七	五月廿八	五月廿九	五月三十	六月初一	六月初二
乙丑	丙寅	丁卯	戊辰	己巳	庚午	辛未	壬申
子、申	酉、亥	酉、亥	丑、未	子、申	丑、未	寅、午	卯、巳
宜：拜祖先／神明、開光點眼、出外旅遊、蓋房子（陽宅）、放新床／移舊床、陰宅動工 ●忌：移動神位、搬進新家	宜：開幕／開工、買賣／簽約、開光點眼、大掃除、種花草、蓋房子（陽宅）、放新床／移舊床、裝上大樑／灌漿、陰宅動工、葬禮 ●忌：廚房裝修／火爐移位、移動神位、拜祖先／神明、結婚迎娶、搬進新家	宜：拜祖先／神明、餘事勿取 ●忌：搬進新家、出外旅遊、葬禮 ◎麒麟日：適合男性祈福開運	宜：結婚迎娶、訂婚、拜祖先／神明、開光點眼、求神賜福、移動神位、搬進新家、放新床／移舊床、蓋房子（陽宅）、出外旅遊、大掃除、種花草、陰宅動工、裝上大樑／灌漿 ●忌：葬禮	宜：結婚迎娶、裁製婚紗、裝上大樑／灌漿、移動神位、搬家、蓋房子（陽宅）、買房／進貨、種花草 ●忌：放新床／移舊床、求神賜福、出外旅遊、葬禮、開光點眼	宜：出外旅遊、餘事勿取 ●忌：蓋房子（陽宅）、陰宅動工	宜：結婚迎娶、拜祖先／神明、求神賜福、開光點眼、大掃除、出外旅遊、移動神位、搬進新家、搬家、蓋房子（陽宅）、放新床／移舊床、養寵物、種花草、買房／進貨、買賣／簽約 ●忌：葬禮	宜：結婚迎娶、拜祖先／神明、求神賜福、看醫生／動手術、陰宅動工、葬禮 ●忌：開幕／開工、搬進新家
羊 46	猴 45	雞 44	狗 43	豬 42	鼠 41	牛 40	虎 39
西北	西南	正南	東南	東北	西北	西南	正南
東北	西南	西南	正北	正北	正東	正東	正南
碓磨廁外東南	廚灶爐外正南	倉庫門外正南	房床栖外正南	占門床外正南	占碓磨外正南	廚灶廁外西南	倉庫爐外西南
雞蛇鼠	狗馬豬	羊豬狗	鼠猴雞	牛雞猴	狗虎羊	兔豬馬	龍鼠蛇
粉紅色 赭紅色	黑色 正藍色	黑色 正藍色	粉紅色 赭紅色	墨綠色 蘋果綠	墨綠色 蘋果綠	粉紅色 赭紅色	正黃色 亮黃色

8	一	韋馱聖誕	六月初三	癸酉	卯、巳	宜：結婚迎娶、出外旅遊、開幕／開工、放新床／移舊床、亡者入棺、葬禮 ●忌：求神賜福、蓋房子（陽宅）、陰宅動工	兔 38	東南	正南	房床門 外西南	牛 蛇 龍	正黃色 亮黃色
9	二		六月初四	甲戌	丑、未	宜：結婚迎娶、拜祖先／神明、裁製婚紗、沐浴 ●忌：葬禮、蓋房子（陽宅）、陰宅動工、種花草	龍 37	東北	東北	門雞栖 外西南	馬 虎 兔	粉紅色 赭紅色
10	三		六月初五	乙亥	子、申	宜：搬進新家、搬家、放新床／移舊床、開光點眼、求神賜福、開幕／開工、買賣／簽約、移動神位、蓋房子（陽宅） ●忌：結婚迎娶、陰宅動工、種花草、葬禮	蛇 36	西北	東北	碓磨床 外西南	羊 兔 虎	白色 金色
11	四		六月初六	丙子	酉、亥	宜：拜祖先／神明、大掃除、沐浴、新生兒第一次剪指甲、亡者入棺、陰宅動工、葬禮 ●忌：結婚迎娶、搬進新家、搬家、廚房裝修／火爐移位、開幕／開工、買賣／簽約、種花草	馬 35	西南	西南	廚灶碓 外西南	龍 猴 牛	白色 金色
12	五		六月初七	丁丑	酉、亥	宜：拆房子、餘事勿取 ●忌：諸事不宜 ◎日值月破大耗日會正紅紗，宜事少取	羊 34	正南	西南	倉庫廁 外正西	雞 蛇 鼠	粉紅色 赭紅色
13	六		六月初八	戊寅	丑、未	宜：結婚迎娶、開光點眼、出外旅遊、剃胎毛／美容整形、移動神位、開幕／開工、買賣／簽約、蓋房子（陽宅）、搬家、搬進新家、放新床／移舊床、種花草 ●忌：拜祖先／神明、養寵物	猴 33	東南	正北	房床爐 外正西	狗 馬 豬	黑色 正藍色
14	日	勿探病	六月初九	己卯	子、申	宜：結婚迎娶、開光點眼、出外旅遊、求神賜福、大掃除、蓋房子（陽宅）、開幕／開工、買賣／簽約、搬進新家、搬家、放新床／移舊床、種花草、養寵物、亡者入棺、葬禮 ●忌：今日無禁忌，萬事放寬心 ◎鳳凰日：特別有利於女性開運	雞 32	東北	正北	占大門 外正西	羊 豬 狗	黑色 正藍色
15	一		六月初十	庚辰	丑、未	宜：拜祖先／神明、種花草、養寵物、廚房裝修／火爐移位、買房／進貨 ●忌：葬禮、陰宅動工、開幕／開工、放新床／移舊床	狗 31	西北	正東	碓磨栖 外正西	鼠 猴 雞	粉紅色 赭紅色

23	22	21	20	19	18	17	16
二	一	日	六	五	四	三	二
	大暑					勿探病	
六月十八	六月十七	六月十六	六月十五	六月十四	六月十三	六月十二	六月十一
戊子	丁亥	丙戌	乙酉	甲申	癸未	壬午	辛巳
丑、未	酉、亥	酉、亥	子、申	丑、未	卯、巳	卯、巳	寅、午
宜：大掃除、拜祖先／神明、剃胎毛／美容整形、亡者入棺、葬禮、陰宅動工 ●忌：結婚迎娶、開幕／開工、移動神位、搬進新家、搬家、廚房裝修／火爐移位	宜：拜祖先／神明、求神賜福、開光點眼、移動神位、養寵物、搬進新家、放新床／移舊床、蓋房子（陽宅）、裝上大樑／灌漿 ●忌：種花草、剃胎毛／美容整形、廚房裝修／火爐移位、結婚迎娶	宜：拜祖先／神明、大掃除、餘事勿取 ●忌：諸事不宜	宜：開光點眼、大掃除、放新床／移舊床、剃胎毛／美容整形、結婚迎娶、開幕／開工、亡者入棺、葬禮 ●忌：廚房裝修／火爐移位、蓋房子（陽宅）、種花草、搬家、搬進新家、裝上大樑／灌漿、求神賜福	宜：結婚迎娶、拜祖先／神明、求神賜福、開光點眼、種花草、養寵物、搬家、搬進新家、移動神位、蓋房子（陽宅）、開幕／開工、買賣／簽約、亡者入棺 ●忌：今日無禁忌，萬事放寬心	宜：拜祖先／神明、出外旅遊、買賣／簽約 ●忌：結婚迎娶、搬家、廚房裝修／火爐移位、陰宅動工、葬禮、蓋房子（陽宅）	宜：拜祖先／神明、亡者入棺、陰宅動工、葬禮、建築完工後的祭祀、餘事勿取 ●忌：今日無禁忌，萬事放寬心	宜：拜祖先／神明、求神賜福、開光點眼、開幕／開工、剃胎毛／美容整形 ●忌：結婚迎娶、出外旅遊、葬禮、亡者入棺、搬進新家、廚房裝修／火爐移位、裝上大樑／灌漿
馬 23	蛇 24	龍 25	兔 26	虎 27	牛 28	鼠 29	豬 30
東南	正南	西南	西北	東北	東南	正南	西南
正北	西南	西南	東北	東北	正南	正南	正東
房床碓 外正北	倉庫床 外西北	廚灶栖 外西北	碓磨門 外西北	占門爐 外西北	房床廁 外西北	倉庫碓 外西北	廚灶床 外正西
龍猴牛	羊兔虎	馬虎兔	牛蛇龍	龍鼠蛇	兔豬馬	狗虎羊	牛雞猴
白色 金色	白色 金色	粉紅色 赭紅色	正黃色 亮黃色	正黃色 亮黃色	粉紅色 赭紅色	墨綠色 蘋果綠	墨綠色 蘋果綠

24	三	觀音成道	六月十九	己丑	子、申	宜：拆房子、餘事勿取 ●忌：諸事不宜	羊 22	東北	正北	占門廁外正北	雞 蛇 鼠	粉紅色 赭紅色
25	四		六月二十	庚寅	丑、未	宜：開幕／開工、買賣／簽約、買房／進貨、蓋房子（陽宅）、開光點眼、開始上學、養寵物、種花草、出外旅遊、結婚迎娶、訂婚、陰宅動工、葬禮 ●忌：搬進新家、搬家、廚房裝修／火爐移位、拜祖先／神明、建築完工後的祭祀	猴 21	西北	正東	碓磨爐外正北	狗 馬 豬	黑色 正藍色
26	五		六月廿一	辛卯	寅、午	宜：結婚迎娶、訂婚、拜祖先／神明、求神賜福、開光點眼、移動神位、出外旅遊、種花草、蓋房子（陽宅）、開幕／開工、買賣／簽約、搬進新家、搬家、放新床／移舊床、亡者入棺、陰宅動工、建築完工後的祭祀、葬禮 ●忌：養寵物	雞 20	西南	正東	廚灶門外正北	羊 豬 狗	黑色 正藍色
27	六		六月廿二	壬辰	卯、巳	宜：拜祖先／神明、種花草、養寵物、廚房裝修／火爐移位、買賣／簽約、買房／進貨 ●忌：放新床／移舊床、陰宅動工、出外旅遊、開幕／開工、葬禮	狗 19	正南	正南	倉庫栖外正北	鼠 猴 雞	粉紅色 赭紅色
28	日		六月廿三	癸巳	卯、巳	宜：結婚迎娶、訂婚、裁製婚紗、拜祖先／神明、求神賜福、開光點眼、養寵物、廚房裝修／火爐移位、放新床／移舊床、蓋房子（陽宅）、裝上大樑／灌漿 ●忌：搬家、種花草、出外旅遊、陰宅動工、葬禮	豬 18	東南	正南	占房床房內北	牛 雞 猴	墨綠色 蘋果綠
29	一	天赦日	六月廿四	甲午	丑、未	宜：拜祖先／神明、沐浴、亡者入棺 ●忌：開光點眼、看醫生／動手術、結婚迎娶、陰宅動工、葬禮	鼠 17	東北	東北	占門碓房內北	狗 虎 羊	墨綠色 蘋果綠
30	二		六月廿五	乙未	子、申	宜：拜祖先／神明、出外旅遊、裁製婚紗、買賣／簽約、買房／進貨、結婚迎娶 ●忌：搬家、搬進新家、種花草、蓋房子（陽宅）、陰宅動工、廚房裝修／火爐移位、葬禮、裝上大樑／灌漿 ◎麒麟日：適合男性祈福開運	牛 16	西北	東北	碓磨廁房內北	兔 豬 馬	粉紅色 赭紅色

31	三		六月廿六	丙申	酉、亥	宜：蓋房子（陽宅）、試車／安裝機械、拜祖先／神明、沐浴、大掃除、看醫生／動手術、廚房裝修／火爐移位、陰宅動工、亡者入棺、葬禮 ●忌：開幕／開工、搬進新家、出外旅遊、放新床／移舊床	虎 15	西南	西南	廚灶爐 房內北	龍 鼠 蛇	正黃色 亮黃色
八月 1	四		六月廿七	丁酉	酉、亥	宜：開光點眼、結婚迎娶、訂婚、出外旅遊、放新床／移舊床、開幕／開工、買賣／簽約、種花草、亡者入棺 ●忌：拜祖先／神明、求神賜福、裝上大樑／灌漿、搬進新家、蓋房子（陽宅）、陰宅動工	兔 14	正南	西南	倉庫門 房內北	牛 蛇 龍	正黃色 亮黃色
2	五		六月廿八	戊戌	丑、未	宜：拜祖先／神明、結婚迎娶 ●忌：蓋房子（陽宅）、陰宅動工、看醫生／動手術	龍 13	東南	正北	房床栖 房內南	馬 虎 兔	粉紅色 赭紅色
3	六		六月廿九	己亥	子、申	宜：拜祖先／神明、求神賜福、開光點眼、種花草、養寵物、訂婚、親友聚會／派對、剃胎毛／美容整形、蓋房子（陽宅）、開幕／開工、買賣／簽約、買房／進貨、開始上學、大掃除、出外旅遊 ●忌：結婚迎娶、廚房裝修／火爐移位、移動神位、搬進新家、葬禮	蛇 12	東北	正北	占門床 房內南	羊 兔 虎	白色 金色
4	日		七月初一	庚子	丑、未	宜：拜祖先／神明、求神賜福、大掃除、新生兒第一次剪指甲、放新床／移舊床、亡者入棺、陰宅動工、建築完工後的祭祀、沐浴、葬禮 ●忌：結婚迎娶、開幕／開工、移動神位、搬進新家、搬家、出外旅遊、廚房裝修／火爐移位	馬 11	西北	正東	占碓磨 房內南	龍 猴 牛	白色 金色
5	一		七月初二	辛丑	寅、午	宜：拆房子、大掃除、餘事勿取 ●忌：結婚迎娶、葬禮 ◎日值月破大耗日會正紅紗，宜事少取	羊 10	西南	正東	廚灶廁 房內南	雞 蛇 鼠	粉紅色 赭紅色
6	二	勿探病	七月初三	壬寅	卯、巳	宜：結婚迎娶、開幕／開工、買賣／簽約、搬家、搬進新家、試車／安裝機械、親友聚會／派對、放新床／移舊床、種花草、養寵物、陰宅動工、葬禮、亡者入棺 ●忌：拜祖先／神明、求神賜福、建築完工後的祭祀 ◎日值四絕日，宜事少取	猴 69	正南	正南	倉庫爐 房內南	狗 馬 豬	黑色 正藍色

14	13	12	11	10	9	8	7
三	二	一	日	六	五	四	三
		天赦日		七夕		父親節	立秋
七月十一	七月初十	七月初九	七月初八	七月初七	七月初六	七月初五	七月初四
庚戌	己酉	戊申	丁未	丙午	乙巳	甲辰	癸卯
丑、未	子、申	丑、未	酉、亥	酉、亥	子、申	丑、未	卯、巳
宜：開光點眼、養寵物、種花草 ●忌：結婚迎娶、買房／進貨、求神賜福、葬禮、開幕／開工、買賣／簽約、蓋房子（陽宅）、裝上大樑／灌漿	宜：拜祖先／神明、大掃除、沐浴、新生兒第一次剪指甲、剃胎毛／美容整形、亡者入棺、陰宅動工、葬禮 ●忌：結婚迎娶、親友聚會／派對、出外旅遊、搬進新家、搬家、廚房裝修／火爐移位	宜：拜祖先／神明、求神賜福、開光點眼、出外旅遊、大掃除、裝上大樑／灌漿、搬家、買房／進貨、養寵物、葬禮、亡者入棺 ●忌：陰宅動工、蓋房子（陽宅）、放新床／移舊床	宜：拜祖先／神明、求神賜福、出外旅遊、移動神位、搬家、結婚迎娶、蓋房子（陽宅）、放新床／移舊床、亡者入棺、陰宅動工、葬禮 ●忌：開光點眼、剃胎毛／美容整形、廚房裝修／火爐移位	宜：拜祖先／神明、求神賜福、出外旅遊、蓋房子（陽宅）、結婚迎娶、放新床／移舊床、陰宅動工 ●忌：搬進新家、裝上大樑／灌漿、亡者入棺 ◎鳳凰日：特別有利於女性開運	宜：拜祖先／神明、求神賜福、試車／安裝機械、訂婚、廚房裝修／火爐移位、養寵物 ●忌：蓋房子（陽宅）、葬禮	宜：結婚迎娶、訂婚、拜祖先／神明、求神賜福、搬進新家、搬家、看醫生／動手術、蓋房子（陽宅）、陰宅動工、葬禮 ●忌：開光點眼	宜：結婚迎娶、訂婚、拜祖先／神明、求神賜福、開光點眼、親友聚會／派對、看醫生／動手術、裝上大樑／灌漿、葬禮、陰宅動工 ●忌：搬進新家、開幕／開工
龍 61	兔 62	虎 63	牛 64	鼠 65	豬 66	狗 67	雞 68
西北	東北	東南	正南	西南	西北	東北	東南
正東	正北	正北	西南	西南	東北	東北	正南
碓磨栖 外東北	占大門 外東北	房床爐 房內東	倉庫廁 房內東	廚灶碓 房內東	碓磨床 房內東	門雞栖 房內東	房床門 房內南
馬 虎 兔	牛 蛇 龍	龍 鼠 蛇	兔 豬 馬	狗 虎 羊	牛 雞 猴	鼠 猴 雞	羊 豬 狗
粉紅色 赭紅色	正黃色 亮黃色	正黃色 亮黃色	粉紅色 赭紅色	墨綠色 蘋果綠	墨綠色 蘋果綠	粉紅色 赭紅色	黑色 正藍色

15	16	17	18	19	20	21	22
四	五	六	日	一	二	三	四
	大勢至聖誕		中元節 勿探病	勿探病			處暑
七月十二	七月十三	七月十四	七月十五	七月十六	七月十七	七月十八	七月十九
辛亥	壬子	癸丑	甲寅	乙卯	丙辰	丁巳	戊午
寅、午	卯、巳	卯、巳	丑、未	子、申	酉、亥	酉、亥	丑、未
宜：廚房裝修／火爐移位、沐浴、裝修粉刷、鋪平馬路、餘事勿取 ●忌：諸事不宜	宜：拜祖先／神明、開光點眼、出外旅遊、移動神位、大掃除、蓋房子（陽宅）、放新床／移舊床、種花草、養寵物、葬禮、亡者入棺、陰宅動工 ●忌：結婚迎娶、搬家	宜：拜祖先／神明、亡者入棺、陰宅動工、葬禮、餘事勿取 ●忌：諸事不宜 ◎日值受死日忌諸吉事	宜：拆房子、餘事勿取 ●忌：諸事不宜	宜：拜祖先／神明、亡者入棺、葬禮、餘事勿取 ●忌：諸事不宜	宜：養寵物、結婚迎娶、移動神位、拜祖先／神明、求神賜福、開光點眼、蓋房子（陽宅）、開幕／開工、買賣／簽約、搬家、搬進新家、放新床／移舊床、亡者入棺、葬禮 ●忌：種花草、廚房裝修／火爐移位、出外旅遊	宜：拜祖先／神明、開光點眼、大掃除、養寵物、買賣／簽約、買房／進貨 ●忌：蓋房子（陽宅）、陰宅動工、剃胎毛／美容整形、搬家、搬進新家、安置神位、移動神位、結婚迎娶、出外旅遊	宜：拜祖先／神明、求神賜福、開光點眼、出外旅遊、大掃除、結婚迎娶、放新床／移舊床、種花草、親友聚會／派對 ●忌：亡者入棺、葬禮、搬進新家、搬家、養寵物
蛇 60	馬 59	羊 58	猴 57	雞 56	狗 55	豬 54	鼠 53
西南	正南	東南	東北	西北	西南	正南	東南
正東	正南	正南	東北	東北	西南	西南	正北
廚灶床 外東北	倉庫碓 外東北	房床廁 外東北	占門爐 外東北	碓磨門 外正東	廚灶栖 外正東	倉庫床 外正東	房床碓 外正東
羊兔虎	龍猴牛	雞蛇鼠	狗馬豬	羊豬狗	鼠猴雞	牛雞猴	狗虎羊
白色 金色	白色 金色	粉紅色 赭紅色	黑色 正藍色	黑色 正藍色	粉紅色 赭紅色	墨綠色 蘋果綠	墨綠色 蘋果綠

30	29	28	27	26	25	24	23
五	四	三	二	一	日	六	五
			龍樹聖誕				
七月廿七	七月廿六	七月廿五	七月廿四	七月廿三	七月廿二	七月廿一	七月二十
丙寅	乙丑	甲子	癸亥	壬戌	辛酉	庚申	己未
酉、亥	子、申	丑、未	卯、巳	卯、巳	寅、午	丑、未	子、申
宜：拆房子、看醫生／動手術、餘事勿取 ●忌：求神賜福、訂婚、結婚迎娶、搬進新家、葬禮 ◎麒麟日：適合男性祈福開運	宜：陰宅動工、葬禮、亡者入棺、拜祖先／神明、餘事勿取 ●忌：結婚迎娶、搬進新家、開幕／開工、買賣／簽約 ◎日值受死日忌諸吉事	宜：拜祖先／神明、求神賜福、開光點眼、大掃除、移動神位、安置神位、買賣／簽約、搬進新家、搬家、放新床／移舊床、結婚迎娶、出外旅遊、蓋房子（陽宅）、陰宅動工、亡者入棺、葬禮、建築完工後的祭祀 ●忌：開幕／開工、廚房裝修／火爐移位	宜：裝修粉刷、拜祖先／神明、廚房裝修／火爐移位、沐浴、鋪平馬路 ●忌：結婚迎娶、看醫生／動手術、求神賜福、葬禮、種花草	宜：訂婚、開光點眼、出外旅遊、大掃除、種花草、養寵物、安置神位、移動神位、搬進新家、搬家、裝上大樑／灌漿、放新床／移舊床、親友聚會／派對、試車／安裝機械 ●忌：建築完工後的祭祀、拜祖先／神明、求神賜福、廚房裝修／火爐移位、蓋房子（陽宅）、陰宅動工、葬禮	宜：拜祖先／神明、蓋房子（陽宅）、裝上大樑／灌漿、放新床／移舊床、亡者入棺、陰宅動工、大掃除 ●忌：結婚迎娶、出外旅遊、廚房裝修／火爐移位、搬進新家、搬家、種花草	宜：拜祖先／神明、裁製婚紗、大掃除、養寵物、出外旅遊、廚房裝修／火爐移位、買房／進貨 ●忌：放新床／移舊床、蓋房子（陽宅）、葬禮	宜：拜祖先／神明、蓋房子（陽宅）、親友聚會／派對、葬禮、亡者入棺、陰宅動工 ●忌：開光點眼、出外旅遊、裝上大樑／灌漿、搬進新家、廚房裝修／火爐移位、裁製婚紗
猴 45	羊 46	馬 47	蛇 48	龍 49	兔 50	虎 51	牛 52
西南	西北	東北	東南	正南	西南	西北	東北
西南	東北	東北	正南	正南	正東	正東	正北
廚灶爐 外正南	碓磨廁 外東南	占門碓 外東南	占房床 外東南	倉庫栖 外東南	廚灶門 外東南	碓磨爐 外東南	占門廁 外正東
狗 馬 豬	雞 蛇 鼠	龍 猴 牛	羊 兔 虎	馬 虎 兔	牛 蛇 龍	龍 鼠 蛇	兔 豬 馬
黑色 正藍色	粉紅色 赭紅色	白色 金色	白色 金色	粉紅色 赭紅色	正黃色 亮黃色	正黃色 亮黃色	粉紅色 赭紅色

九月

31	1	2	3	4	5
六	日	一	二	三	四
		地藏聖誕	勿探病		
七月廿八	七月廿九	七月三十	八月初一	八月初二	八月初三
丁卯	戊辰	己巳	庚午	辛未	壬申
酉、亥	丑、未	子、申	丑、未	寅、午	卯、巳
宜：開光點眼、拜祖先／神明、求神賜福、大掃除、安置神位、移動神位、結婚迎娶、搬進新家、搬家、放新床／移舊床、開幕／開工、買賣／簽約、種花草、出外旅遊、葬禮 ●忌：廚房裝修／火爐移位、蓋房子（陽宅）、陰宅動工、剃胎毛／美容整形	宜：拜祖先／神明、求神賜福、開光點眼、移動神位、養寵物、種花草、出外旅遊、搬家、放新床／移舊床、蓋房子（陽宅）、開幕／開工、買賣／簽約、試車／安裝機械、裝上大樑／灌漿、陰宅動工、超渡好兄弟、葬禮、訂婚 ●忌：搬進新家、結婚迎娶	宜：拜祖先／神明、求神賜福、親友聚會／派對、結婚迎娶、裁製婚紗、放新床／移舊床、種花草、裝上大樑／灌漿、搬家、蓋房子（陽宅）、買賣／簽約 ●忌：葬禮、出外旅遊、養寵物	宜：拜祖先／神明、開光點眼、訂婚、結婚迎娶、出外旅遊、剃胎毛／美容整形、蓋房子（陽宅）、放新床／移舊床、種花草 ●忌：搬進新家、裝上大樑／灌漿、廚房裝修／火爐移位、亡者入棺、葬禮、養寵物	宜：拜祖先／神明、出外旅遊、移動神位、蓋房子（陽宅）、放新床／移舊床、亡者入棺、陰宅動工、葬禮 ●忌：結婚迎娶、搬進新家、開光點眼	宜：結婚迎娶、訂婚、拜祖先／神明、求神賜福、出外旅遊、大掃除、搬進新家、搬家、買房／進貨、裝上大樑／灌漿、養寵物、亡者入棺、葬禮 ●忌：種花草、蓋房子（陽宅）、放新床／移舊床、陰宅動工
雞 44	狗 43	豬 42	鼠 41	牛 40	虎 39
正南	東南	東北	西北	西南	正南
西南	正北	正北	正東	正東	正南
倉庫門 外正南	房床栖 外正南	占門床 外正南	占碓磨 外正南	廚灶廁 外西南	倉庫爐 外西南
羊 豬 狗	鼠 猴 雞	牛 雞 猴	狗 虎 羊	兔 豬 馬	龍 鼠 蛇
黑色 正藍色	粉紅色 赭紅色	墨綠色 蘋果綠	墨綠色 蘋果綠	粉紅色 赭紅色	正黃色 亮黃色

6	五		八月初四	癸酉	卯、巳	宜：拜祖先／神明、求神賜福、養寵物、蓋房子（陽宅）、裝上大樑／灌漿、放新床／移舊床、大掃除、亡者入棺、葬禮、陰宅動工 ●忌：移動神位、結婚迎娶、開光點眼、出外旅遊、搬進新家、搬家、開幕／開工	兔 38	東南	正南	房床門 外西南	牛 蛇 龍	正黃色 亮黃色
7	六	白露	八月初五	甲戌	丑、未	宜：沐浴、剃胎毛／美容整形、親友聚會／派對、開光點眼、種花草、結婚迎娶 ●忌：開幕／開工、搬進新家、蓋房子（陽宅）、陰宅動工、葬禮、廚房裝修／火爐移位、裝上大樑／灌漿、放新床／移舊床、求神賜福 ◎鳳凰日：特別有利於女性開運	龍 37	東北	東北	門雞栖 外西南	馬 虎 兔	粉紅色 赭紅色
8	日		八月初六	乙亥	子、申	宜：諸事不宜 ●忌：葬禮	蛇 36	西北	東北	碓磨床 外西南	羊 兔 虎	白色 金色
9	一		八月初七	丙子	酉、亥	宜：沐浴、亡者入棺、陰宅動工、鋪平馬路 ●忌：結婚迎娶、搬家、搬進新家、開幕／開工	馬 35	西南	西南	廚灶碓 外西南	龍 猴 牛	白色 金色
10	二		八月初八	丁丑	酉、亥	宜：拜祖先／神明、求神賜福、沐浴、移動神位、出外旅遊、結婚迎娶、蓋房子（陽宅）、開幕／開工、買賣／簽約、搬家、搬進新家、放新床／移舊床、種花草、養寵物、亡者入棺、葬禮 ●忌：今日無禁忌，萬事放寬心	羊 34	正南	西南	倉庫廁 外正西	雞 蛇 鼠	粉紅色 赭紅色
11	三		八月初九	戊寅	丑、未	宜：開光點眼、大掃除、蓋房子（陽宅）、裝上大樑／灌漿、葬禮、陰宅動工 ●忌：拜祖先／神明、移動神位、出外旅遊、結婚迎娶、搬家、搬進新家、放新床／移舊床、廚房裝修／火爐移位	猴 33	東南	正北	房床爐 外正西	狗 馬 豬	黑色 正藍色
12	四	勿探病	八月初十	己卯	子、申	宜：拆房子、餘事勿取 ●忌：諸事不宜 ◎日值月破大耗日，宜事少取	雞 32	東北	正北	占大門 外正西	羊 豬 狗	黑色 正藍色

19	18	17	16	15	14	13
四	三	二	一	日	六	五
		中秋節		勿探病		
八月十七	八月十六	八月十五	八月十四	八月十三	八月十二	八月十一
丙戌	乙酉	甲申	癸未	壬午	辛巳	庚辰
酉、亥	子、申	丑、未	卯、巳	卯、巳	寅、午	丑、未
宜：結婚迎娶、拜祖先／神明、開光點眼、出外旅遊、大掃除、剃胎毛／美容整形、新生兒第一次剪指甲、蓋房子（陽宅）、放新床／移舊床 ●忌：廚房裝修／火爐移位、葬禮	宜：拜祖先／神明、出外旅遊、大掃除、餘事勿取 ●忌：諸事不宜 ◎月偏食台灣不可見，宜事照常	宜：結婚迎娶、出外旅遊、蓋房子（陽宅）、搬家、陰宅動工、葬禮 ●忌：求神賜福、放新床／移舊床、開幕／開工、搬進新家、開光點眼	宜：拜祖先／神明、餘事勿取 ◎日值受死日忌諸吉事	宜：拜祖先／神明、剃胎毛／美容整形、親友聚會／派對、結婚迎娶、亡者入棺 ●忌：葬禮、廚房裝修／火爐移位、搬進新家	宜：拜祖先／神明、開光點眼、移動神位、放新床／移舊床、開幕／開工、買賣／簽約、搬進新家、蓋房子（陽宅）、種花草 ●忌：結婚迎娶、出外旅遊、葬禮、搬家、養寵物	宜：開光點眼、求神賜福、移動神位、結婚迎娶、出外旅遊、蓋房子（陽宅）、裝上大樑／灌漿、開幕／開工、買賣／簽約、放新床／移舊床、搬進新家、搬家、種花草、亡者入棺、陰宅動工 ●忌：今日無禁忌，萬事放寬心
龍 25	兔 26	虎 27	牛 28	鼠 29	豬 30	狗 31
西南	西北	東北	東南	正南	西南	西北
西南	東北	東北	正南	正南	正東	正東
廚灶栖 外西北	碓磨門 外西北	占門爐 外西北	房床廁 外西北	倉庫碓 外西北	廚灶床 外正西	碓磨栖 外正西
馬 虎 兔	牛 蛇 龍	龍 鼠 蛇	兔 豬 馬	狗 虎 羊	牛 雞 猴	鼠 猴 雞
粉紅色 赭紅色	正黃色 亮黃色	正黃色 亮黃色	粉紅色 赭紅色	墨綠色 蘋果綠	墨綠色 蘋果綠	粉紅色 赭紅色

	26	25	24	23	22	21	20
	四	三	二	一	日	六	五
			燃燈佛誕		秋分		
	八月廿四	八月廿三	八月廿二	八月廿一	八月二十	八月十九	八月十八
	癸巳	壬辰	辛卯	庚寅	己丑	戊子	丁亥
	卯、巳	卯、巳	寅、午	丑、未	子、申	丑、未	酉、亥
	宜：拜祖先／神明、求神賜福、開光點眼、蓋房子（陽宅）、開幕／開工、買賣／簽約、買房／進貨、放新床／移舊床、種花草 ●忌：結婚迎娶、陰宅動工、出外旅遊、搬進新家、搬家、移動神位、養寵物、葬禮	宜：結婚迎娶、訂婚、拜祖先／神明、開光點眼、移動神位、種花草、養寵物、剃胎毛／美容整形、蓋房子（陽宅）、搬家、搬進新家、放新床／移舊床、葬禮、陰宅動工、亡者入棺、出外旅遊 ●忌：開幕／開工	宜：拜祖先／神明、看醫生／動手術、拆房子、餘事勿取 ●忌：諸事不宜	宜：大掃除、拆房子、餘事勿取 ●忌：諸事不宜	宜：拜祖先／神明、求神賜福、開光點眼、種花草、養寵物、出外旅遊、結婚迎娶、移動神位、蓋房子（陽宅）、搬進新家、搬家、放新床／移舊床、開幕／開工、買賣／簽約、亡者入棺、葬禮 ●忌：今日無禁忌，萬事放寬心	宜：拜祖先／神明、沐浴、裝修粉刷、鋪平馬路、餘事勿取 ●忌：諸事不宜 ◎日值四離日，宜事少取	宜：開幕／開工、買賣／簽約、開光點眼、出外旅遊、搬家、搬進新家、放新床／移舊床、移動神位、裝上大樑／灌漿 ●忌：廚房裝修／火爐移位、剃胎毛／美容整形、結婚迎娶、葬禮
	豬 18	狗 19	雞 20	猴 21	羊 22	馬 23	蛇 24
	東南	正南	西南	西北	東北	東南	正南
	正南	正南	正東	正東	正北	正北	西南
	占房床 房內北	倉庫栖 外正北	廚灶門 外正北	碓磨爐 外正北	占門廁 外正北	房床碓 外正北	倉庫床 外西北
	牛 雞 猴	鼠 猴 雞	羊 豬 狗	狗 馬 豬	雞 蛇 鼠	龍 猴 牛	羊 兔 虎
	墨綠色 蘋果綠	粉紅色 赭紅色	黑色 正藍色	黑色 正藍色	粉紅色 赭紅色	白色 金色	白色 金色

十月

3	2	1	30	29	28	27
四	三	二	一	日	六	五
					教師節	
九月初一	八月三十	八月廿九	八月廿八	八月廿七	八月廿六	八月廿五
庚子	己亥	戊戌	丁酉	丙申	乙未	甲午
丑、未	子、申	丑、未	酉、亥	申、亥	子、酉	丑、未
宜：拜祖先／神明、沐浴、裝修粉刷、鋪平馬路、餘事勿取 ●忌：結婚迎娶、搬進新家、放新床／移舊床、出外旅遊 ◎日環食台灣不可見，宜事照常	宜：訂婚、開幕／開工、買賣／簽約、買房／進貨、種花草、搬進新家、搬家、放新床／移舊床、開光點眼、移動神位 ●忌：結婚迎娶、蓋房子（陽宅）、廚房裝修／火爐移位、葬禮、陰宅動工	宜：拜祖先／神明、結婚迎娶、出外旅遊、蓋房子（陽宅）、開幕／開工、裝上大樑／灌漿、放新床／移舊床、大掃除、新生兒第一次剪指甲、看醫生／動手術 ●忌：葬禮、廚房裝修／火爐移位	宜：拜祖先／神明、出外旅遊、沐浴、大掃除、葬禮、餘事勿取 ●忌：蓋房子（陽宅）、陰宅動工	宜：結婚迎娶、試車／安裝機械、大掃除、養寵物、沐浴、葬禮 ●忌：求神賜福、開光點眼、搬進新家、蓋房子（陽宅）、開幕／開工	宜：拜祖先／神明、餘事勿取 ●忌：開幕／開工、搬進新家、結婚迎娶、蓋房子（陽宅）、陰宅動工、葬禮 ◎日值受死日忌諸吉事	宜：結婚迎娶、拜祖先／神明、廚房裝修／火爐移位、親友聚會／派對、剃胎毛／美容整形 ●忌：養寵物、開幕／開工、裝上大樑／灌漿、陰宅動工、種花草 ◎麒麟日：適合男性祈福開運
馬 11	蛇 12	龍 13	兔 14	虎 15	牛 16	鼠 17
西北	東北	東南	正南	西南	西北	東北
正東	正北	正北	西南	西南	東北	東北
占碓磨 房內南	占門床 房內南	房床栖 房內南	倉庫門 房內北	廚灶爐 房內北	碓磨廁 房內北	占門碓 房內北
龍 猴 牛	羊 兔 虎	馬 虎 兔	牛 蛇 龍	龍 鼠 蛇	兔 豬 馬	狗 虎 羊
白色 金色	白色 金色	粉紅色 赭紅色	正黃色 亮黃色	正黃色 亮黃色	粉紅色 赭紅色	墨綠色 蘋果綠

4	五		九月初二	辛丑	寅、午	宜：開光點眼、求神賜福、親友聚會／派對、蓋房子（陽宅）、買房／進貨、種花草 ●忌：廚房裝修／火爐移位、移動神位、搬進新家、搬家、拜祖先／神明	羊 10	西南	正東	廚灶廁 房內南	雞 蛇 鼠	粉紅色 赭紅色
5	六	勿探病	九月初三	壬寅	卯、巳	宜：開光點眼、大掃除、蓋房子（陽宅）、葬禮、陰宅動工 ●忌：移動神位、搬進新家、搬家、求神賜福、拜祖先／神明、放新床／移舊床、開幕／開工、結婚迎娶 ◎鳳凰日：特別有利於女性開運	猴 69	正南	正南	倉庫爐 房內南	狗 馬 豬	黑色 正藍色
6	日		九月初四	癸卯	卯、巳	宜：拆房子、看醫生／動手術、餘事勿取 ●忌：搬家、搬進新家	雞 68	東南	正南	房床門 房內南	羊 豬 狗	黑色 正藍色
7	一		九月初五	甲辰	丑、未	宜：結婚迎娶、訂婚、拜祖先／神明、求神賜福、開光點眼、出外旅遊、移動神位、蓋房子（陽宅）、搬進新家、搬家、放新床／移舊床、建築完工後的祭祀、裝上大樑／灌漿、陰宅動工 ●忌：開幕／開工、葬禮	狗 67	東北	東北	門雞栖 房內東	鼠 猴 雞	粉紅色 赭紅色
8	二	寒露	九月初六	乙巳	子、酉	宜：結婚迎娶、訂婚、拜祖先／神明、求神賜福、開光點眼、大掃除、搬進新家、搬家、移動神位、放新床／移舊床、開幕／開工、買賣／簽約 ●忌：葬禮、養寵物、出外旅遊、種花草	豬 66	西北	東北	碓磨床 房內東	牛 雞 猴	墨綠色 蘋果綠
9	三		九月初七	丙午	申、亥	宜：結婚迎娶、訂婚、出外旅遊、開幕／開工、拜祖先／神明、求神賜福、搬家、搬進新家、蓋房子（陽宅）、陰宅動工、葬禮	鼠 65	西南	西南	廚灶碓 房內東	狗 虎 羊	墨綠色 蘋果綠
10	四	國慶日	九月初八	丁未	酉、亥	宜：拜祖先／神明、餘事勿取 ●忌：諸事不宜	牛 64	正南	西南	倉庫廁 房內東	兔 豬 馬	粉紅色 赭紅色
11	五	重陽節 天赦日	九月初九	戊申	丑、未	宜：拜祖先／神明、求神賜福、開光點眼、大掃除、種花草、開幕／開工、出外旅遊、蓋房子（陽宅） ●忌：結婚迎娶、廚房裝修／火爐移位、放新床／移舊床、搬進新家、葬禮	虎 63	東南	正北	房床爐 房內東	龍 鼠 蛇	正黃色 亮黃色

12	13	14	15	16	17	18	19
六	日	一	二	三	四	五	六
					勿探病	勿探病	
九月初十	九月十一	九月十二	九月十三	九月十四	九月十五	九月十六	九月十七
己酉	庚戌	辛亥	壬子	癸丑	甲寅	乙卯	丙辰
子、申	丑、未	寅、午	卯、巳	卯、巳	丑、未	子、酉	申、亥
宜：拜祖先／神明、大掃除、裁製婚紗、剃胎毛／美容整形、放新床／移舊床、廚房裝修／火爐移位、新生兒第一次剪指甲 ●忌：結婚迎娶、開光點眼、親友聚會／派對、種花草	宜：拜祖先／神明、出外旅遊、裁製婚紗、親友聚會／派對、結婚迎娶、裝上大樑／灌漿、搬家、買房／進貨、養寵物 ●忌：蓋房子（陽宅）、葬禮	宜：拜祖先／神明、求神賜福、開光點眼、出外旅遊、大掃除、搬家、放新床／移舊床、養寵物、移動神位 ●忌：結婚迎娶、葬禮、廚房裝修／火爐移位、陰宅動工、蓋房子（陽宅）	宜：開幕／開工、買賣／簽約、買房／進貨、親友聚會／派對、開光點眼、剃胎毛／美容整形、亡者入棺、葬禮 ●忌：結婚迎娶、廚房裝修／火爐移位、移動神位、出外旅遊、搬進新家、搬家、放新床／移舊床、求神賜福、裝上大樑／灌漿	宜：鋪平馬路、餘事勿取 ●忌：諸事不宜 ◎日值季月紅紗正煞，宜事少取	宜：亡者入棺、陰宅動工、葬禮、餘事勿取 ●忌：今日無禁忌，萬事放寬心	宜：拜祖先／神明、亡者入棺、陰宅動工、葬禮、餘事勿取 ●忌：今日無禁忌，萬事放寬心	宜：拜祖先／神明、大掃除、拆房子、餘事勿取 ●忌諸事不宜 ◎日值月破大耗日，宜事少取
兔 62	龍 61	蛇 60	馬 59	羊 58	猴 57	雞 56	狗 55
東北	西北	西南	正南	東南	東北	西北	西南
正北	正東	正東	正南	正南	東北	東北	西南
占大門 外東北	碓磨栖 外東北	廚灶床 外東北	倉庫碓 外東北	房床廁 外東北	占門爐 外東北	碓磨門 外正東	廚灶栖 外正東
牛蛇龍	馬虎兔	羊兔虎	龍猴牛	雞蛇鼠	狗馬豬	羊豬狗	鼠猴雞
正黃色 亮黃色	粉紅色 赭紅色	白色 金色	白色 金色	粉紅色 赭紅色	黑色 正藍色	黑色 正藍色	粉紅色 赭紅色

20	日		九月十八	丁巳	酉、亥	宜：結婚迎娶、訂婚、買房／進貨、親友聚會／派對、養寵物 ●忌：裝上大樑／灌漿、廚房裝修／火爐移位、出外旅遊、葬禮、剃胎毛／美容整形	豬 54	正南	西南	倉庫床外正東	牛 雞 猴	墨綠色蘋果綠
21	一	觀音出家	九月十九	戊午	丑、未	宜：結婚迎娶、拜祖先／神明、開光點眼、移動神位、搬家、搬進新家、放新床／移舊床、開幕／開工、出外旅遊 ●忌：養寵物、葬禮	鼠 53	東南	正北	房床碓外正東	狗 虎 羊	墨綠色蘋果綠
22	二		九月二十	己未	子、申	宜：拜祖先／神明、廚房裝修／火爐移位、買房／進貨、結婚迎娶 ●忌：葬禮、開幕／開工	牛 52	東北	正北	占門廁外正東	兔 豬 馬	粉紅色赭紅色
23	三	霜降	九月廿一	庚申	丑、未	宜：結婚迎娶、拜祖先／神明、求神賜福、開光點眼、大掃除、出外旅遊、移動神位、開幕／開工、買賣／簽約、買房／進貨、搬進新家、搬家、種花草、陰宅動工、建築完工後的祭祀 ●忌：放新床／移舊床、葬禮	虎 51	西北	正東	碓磨爐外東南	龍 鼠 蛇	正黃色亮黃色
24	四		九月廿二	辛酉	寅、午	宜：結婚迎娶、拜祖先／神明、求神賜福、蓋房子（陽宅）、放新床／移舊床、大掃除、亡者入棺、廚房裝修／火爐移位、陰宅動工、葬禮、新生兒第一次剪指甲 ●忌：開光點眼、種花草	兔 50	西南	正東	廚灶門外東南	牛 蛇 龍	正黃色亮黃色
25	五	光復節	九月廿三	壬戌	卯、巳	宜：拜祖先／神明、求神賜福、開光點眼、出外旅遊、大掃除、裝上大樑／灌漿、搬進新家、搬家、放新床／移舊床、養寵物、買房／進貨 ●忌：陰宅動工、結婚迎娶、葬禮 ◎麒麟日：適合男性祈福開運	龍 49	正南	正南	倉庫栖外東南	馬 虎 兔	粉紅色赭紅色
26	六		九月廿四	癸亥	卯、巳	宜：拜祖先／神明、開光點眼、移動神位、出外旅遊、大掃除、剃胎毛／美容整形、裝上大樑／灌漿、放新床／移舊床 ●忌：結婚迎娶、廚房裝修／火爐移位、蓋房子（陽宅）、陰宅動工、葬禮	蛇 48	東南	正南	占房床外東南	羊 兔 虎	白色金色
27	日		九月廿五	甲子	巳、未	宜：訂婚、親友聚會／派對、沐浴、剃胎毛／美容整形、裁製婚紗、放新床／移舊床、葬禮 ●忌：求神賜福、結婚迎娶、搬進新家、蓋房子（陽宅）、裝上大樑／灌漿、建築完工後的祭祀、開幕／開工、出外旅遊	馬 47	東北	東北	占門碓外東南	龍 猴 牛	白色金色

十一月

28	29	30	31	1	2	3
一	二	三	四	五	六	日
			萬聖夜		勿探病	
九月廿六	九月廿七	九月廿八	九月廿九	十月初一	十月初二	十月初三
乙丑	丙寅	丁卯	戊辰	己巳	庚午	辛未
子、申	酉、亥	酉、亥	丑、未	子、申	丑、未	寅、午
宜：大掃除、拜祖先／神明、裝修粉刷、鋪平馬路、餘事勿取 ●忌：結婚迎娶、開幕／開工、買賣／簽約、搬進新家、葬禮、開始上學 ◎日值季月紅紗正煞，宜事少取	宜：亡者入棺、陰宅動工、葬禮、餘事勿取 ●忌：開幕／開工、搬進新家、拜祖先／神明 ◎日值受死日忌諸吉事	宜：拜祖先／神明、求神賜福、開光點眼、結婚迎娶、養寵物、蓋房子（陽宅）、裝上大樑／灌漿、放新床／移舊床、出外旅遊、亡者入棺、陰宅動工 ●忌：搬進新家、搬家、剃胎毛／美容整形、買賣／簽約、開幕／開工、廚房裝修／火爐移位	宜：拜祖先／神明、沐浴、拆房子、餘事勿取 ●忌：結婚迎娶、搬進新家、裝上大樑／灌漿、出外旅遊、葬禮 ◎日值月破大耗日，宜事少取	宜：拜祖先／神明、親友聚會／派對、放新床／移舊床、買房／進貨 ●忌：求神賜福、訂婚、結婚迎娶、搬進新家、葬禮	宜：拜祖先／神明、求神賜福、開光點眼、種花草、結婚迎娶、訂婚、出外旅遊、搬家、搬進新家、開幕／開工、買賣／簽約、放新床／移舊床、蓋房子（陽宅）、葬禮、陰宅動工、亡者入棺 ●忌：養寵物 ◎鳳凰日：特別有利於女性開運	宜：拜祖先／神明、搬家、買房／進貨、剃胎毛／美容整形、親友聚會／派對 ●忌：結婚迎娶、開幕／開工、陰宅動工
羊 46	猴 45	雞 44	狗 43	豬 42	鼠 41	牛 40
西北	西南	正南	東南	東北	西北	西南
東北	西南	西南	正北	正北	正東	正東
碓磨廁 外東南	廚灶爐 外正南	倉庫門 外正南	房床栖 外正南	占門床 外正南	占碓磨 外正南	廚灶廁 外西南
雞 蛇 鼠	狗 馬 豬	羊 豬 狗	鼠 猴 雞	牛 雞 猴	狗 虎 羊	兔 豬 馬
粉紅色 赭紅色	黑色 正藍色	黑色 正藍色	粉紅色 赭紅色	墨綠色 蘋果綠	墨綠色 蘋果綠	粉紅色 赭紅色

	4	5	6	7	8	9	10
	一	二	三	四	五	六	日
		達摩聖誕		立冬			
	十月初四	十月初五	十月初六	十月初七	十月初八	十月初九	十月初十
	壬申	癸酉	甲戌	乙亥	丙子	丁丑	戊寅
	卯、巳	卯、巳	巳、未	子、申	酉、亥	酉、亥	丑、未
	宜：拜祖先／神明、求神賜福、開光點眼、大掃除、出外旅遊、種花草、開始上學、結婚迎娶、蓋房子（陽宅）、陰宅動工、裝上大樑／灌漿、建築完工後的祭祀、看醫生／動手術 ●忌：放新床／移舊床、裁製婚紗、搬進新家、葬禮	宜：拜祖先／神明、結婚迎娶、裁製婚紗、出外旅遊、搬家、放新床／移舊床、亡者入棺、陰宅動工、葬禮 ●忌：開幕／開工、種花草、開光點眼	宜：拜祖先／神明、裝上大樑／灌漿、放新床／移舊床、出外旅遊 ●忌：蓋房子（陽宅）、陰宅動工、葬禮、種花草 ◎日值四絕日，宜事少取	宜：拜祖先／神明、開光點眼、出外旅遊、大掃除、移動神位、搬進新家、搬家、放新床／移舊床 ●忌：結婚迎娶、廚房裝修／火爐移位、蓋房子（陽宅）、種花草	宜：拜祖先／神明、求神賜福、開光點眼、沐浴、開始上學、訂婚、裁製婚紗、結婚迎娶、搬家、搬進新家、安置神位、剃胎毛／美容整形、看醫生／動手術、葬禮、亡者入棺、陰宅動工、建築完工後的祭祀、新生兒第一次剪指甲 ●忌：開幕／開工	宜：諸事不宜	宜：開光點眼、搬進新家、搬家、放新床／移舊床、養寵物、開幕／開工、買賣／簽約、買房／進貨、出外旅遊、亡者入棺、葬禮 ●忌：拜祖先／神明、求神賜福、種花草、蓋房子（陽宅）、陰宅動工、結婚迎娶、廚房裝修／火爐移位
	虎 39	兔 38	龍 37	蛇 36	馬 35	羊 34	猴 33
	正南	東南	東北	西北	西南	正南	東南
	正南	正南	東北	東北	西南	西南	正北
	倉庫爐 外西南	房床門 外西南	門雞栖 外西南	碓磨床 外西南	廚灶碓 外西南	倉庫廁 外正西	房床爐 外正西
	龍鼠蛇	牛蛇龍	馬虎兔	羊兔虎	龍猴牛	雞蛇鼠	狗馬豬
	正黃色 亮黃色	正黃色 亮黃色	粉紅色 赭紅色	白色 金色	白色 金色	粉紅色 赭紅色	黑色 正藍色

11	12	13	14	15	16	17	18	19
一	二	三	四	五	六	日	一	二
勿探病	國父誕辰		勿探病					
十月十一	十月十二	十月十三	十月十四	十月十五	十月十六	十月十七	十月十八	十月十九
己卯	庚辰	辛巳	壬午	癸未	甲申	乙酉	丙戌	丁亥
子、申	丑、未	寅、午	卯、巳	卯、巳	巳、未	子、申	酉、亥	酉、亥
宜：拜祖先／神明、求神賜福、開光點眼、大掃除、移動神位、結婚迎娶、出外旅遊、種花草、養寵物、搬進新家、搬家、放新床／移舊床、蓋房子（陽宅）、亡者入棺、葬禮 ●忌：今日無禁忌，萬事放寬心	宜：開光點眼、大掃除、蓋房子（陽宅）、放新床／移舊床、養寵物、葬禮、亡者入棺 ●忌：結婚迎娶、開幕／開工、移動神位、種花草、陰宅動工、搬進新家、搬家、安置神位、廚房裝修／火爐移位	宜：拆房子、餘事勿取 ●忌：諸事不宜	宜：拜祖先／神明、開光點眼、移動神位、結婚迎娶、大掃除、出外旅遊、種花草、養寵物、蓋房子（陽宅）、開幕／開工、買賣／簽約、買房／進貨、搬進新家、搬家、放新床／移舊床、 ●忌：葬禮	宜：拜祖先／神明、求神賜福、開光點眼、大掃除、種花草、養寵物、剃胎毛／美容整形、親友聚會／派對、葬禮 ●忌：搬進新家、廚房裝修／火爐移位、搬家、出外旅遊	宜：拜祖先／神明、沐浴、亡者入棺 ●忌：放新床／移舊床、開幕／開工、買賣／簽約、結婚迎娶、廚房裝修／火爐移位、葬禮	宜：大掃除、餘事勿取 ●忌：今日無禁忌，萬事放寬心	宜：放新床／移舊床、拜祖先／神明、亡者入棺、陰宅動工 ●忌：搬進新家、搬家、結婚迎娶、廚房裝修／火爐移位、開光點眼、移動神位、開幕／開工	宜：拜祖先／神明、沐浴、餘事勿取 ●忌：今日無禁忌，萬事放寬心
雞 32	狗 31	豬 30	鼠 29	牛 28	虎 27	兔 26	龍 25	蛇 24
東北	西北	西南	正南	東南	東北	西北	西南	正南
正北	正東	正東	正南	正南	東北	東北	西南	西南
占大門 外正西	碓磨栖 外正西	廚灶床 外正西	倉庫碓 外西北	房床廁 外西北	占門爐 外西北	碓磨門 外西北	廚灶栖 外西北	倉庫床 外西北
羊 豬 狗	鼠 猴 雞	牛 雞 猴	狗 虎 羊	兔 豬 馬	龍 鼠 蛇	牛 蛇 龍	馬 虎 兔	羊 兔 虎
黑色 正藍色	粉紅色 赭紅色	墨綠色 蘋果綠	墨綠色 蘋果綠	粉紅色 赭紅色	正黃色 亮黃色	正黃色 亮黃色	粉紅色 赭紅色	白色 金色

20	三		十月二十	戊子	丑、未	宜：結婚迎娶、開光點眼、出外旅遊、移動神位、搬進新家、搬家、蓋房子（陽宅）、大掃除、種花草、養寵物、葬禮 ●忌：放新床／移舊床	馬 23	東南	正北	房床碓外正北	龍 猴 牛	白色 金色
21	四		十月廿一	己丑	子、申	宜：開光點眼、裁製婚紗、親友聚會／派對、放新床／移舊床、剃胎毛／美容整形 ●忌：結婚迎娶、出外旅遊、求神賜福、葬禮、搬進新家、搬家、移動神位、種花草、蓋房子（陽宅）、裝上大樑／灌漿	羊 22	東北	正北	占門廁外正北	雞 蛇 鼠	粉紅色 赭紅色
22	五	小雪	十月廿二	庚寅	丑、未	宜：結婚迎娶、開光點眼、出外旅遊、移動神位、種花草、蓋房子（陽宅）、裝上大樑／灌漿、放新床／移舊床、搬家、搬進新家、開幕／開工、買賣／簽約 ●忌：求神賜福、拜祖先／神明、廚房裝修／火爐移位、建築完工後的祭祀	猴 21	西北	正東	碓磨爐外正北	狗 馬 豬	黑色 正藍色
23	六		十月廿三	辛卯	寅、午	宜：拜祖先／神明、求神賜福、開光點眼、結婚迎娶、移動神位、出外旅遊、開幕／開工、買賣／簽約、搬進新家、搬家、放新床／移舊床、葬禮 ●忌：種花草	雞 20	西南	正東	廚灶門外正北	羊 豬 狗	黑色 正藍色
24	日		十月廿四	壬辰	卯、巳	宜：拜祖先／神明、剃胎毛／美容整形、新生兒第一次剪指甲、大掃除 ●忌：結婚迎娶、蓋房子（陽宅）、出外旅遊、搬進新家、搬家、裝上大樑／灌漿、廚房裝修／火爐移位、開幕／開工、葬禮、陰宅動工	狗 19	正南	正南	倉庫棲外正北	鼠 猴 雞	粉紅色 赭紅色
25	一		十月廿五	癸巳	卯、巳	宜：拆房子、看醫生／動手術、餘事勿取 ●忌：結婚迎娶、葬禮	豬 18	東南	正南	占房床房內北	牛 雞 猴	墨綠色 蘋果綠
26	二		十月廿六	甲午	丑、未	宜：拜祖先／神明、求神賜福、訂婚、結婚迎娶、搬進新家、搬家、出外旅遊、親友聚會／派對、蓋房子（陽宅）、開始上學、放新床／移舊床、開幕／開工、買房／進貨、大掃除 ●忌：裝上大樑／灌漿	鼠 17	東北	東北	占門碓房內北	狗 虎 羊	墨綠色 蘋果綠

十二月

3	2	1	30	29	28	27
二	一	日	六	五	四	三
					感恩節	
十一月初三	十一月初二	十一月初一	十月三十	十月廿九	十月廿八	十月廿七
辛丑	庚子	己亥	戊戌	丁酉	丙申	乙未
寅、午	丑、未	子、申	丑、未	酉、亥	酉、亥	子、申
宜：拜祖先／神明、剃胎毛／美容整形、親友聚會／派對 ●忌：求神賜福、建築完工後的祭祀、葬禮、裝上大樑／灌漿、廚房裝修／火爐移位、開幕／開工、結婚迎娶、出外旅遊、搬進新家、蓋房子（陽宅）	宜：訂婚、結婚迎娶、拜祖先／神明、求神賜福、開光點眼、出外旅遊、大掃除、種花草、搬家、搬進新家、開幕／開工、買賣／簽約、蓋房子（陽宅）、葬禮、看醫生／動手術、親友聚會／派對 ●忌：廚房裝修／火爐移位、放新床／移舊床 ◎鳳凰日：特別有利於女性開運	宜：大掃除、裝修粉刷、出外旅遊、餘事勿取 ●忌：開幕／開工、蓋房子（陽宅）、陰宅動工、結婚迎娶、葬禮	宜：裁製婚紗、結婚迎娶、放新床／移舊床、亡者入棺、陰宅動工 ●忌：開光點眼、廚房裝修／火爐移位	宜：拜祖先／神明、求神賜福、開光點眼、結婚迎娶、大掃除、出外旅遊、開幕／開工、買賣／簽約、陰宅動工、蓋房子（陽宅） ●忌：裝上大樑／灌漿、亡者入棺、剃胎毛／美容整形、親友聚會／派對、搬進新家、葬禮、廚房裝修／火爐移位	宜：沐浴、大掃除、餘事勿取 ●忌：結婚迎娶、搬進新家、開幕／開工、放新床／移舊床、陰宅動工	宜：拜祖先／神明、求神賜福、開光點眼、大掃除、種花草、養寵物、葬禮 ●忌：結婚迎娶、搬進新家、搬家、移動神位、出外旅遊 ◎麒麟日：適合男性祈福開運
羊 10	馬 11	蛇 12	龍 13	兔 14	虎 15	牛 16
西南	西北	東北	東南	正南	西南	西北
正東	正東	正北	正北	西南	西南	東北
廚灶廁 房內南	占碓磨 房內南	占門床 房內南	房床栖 房內南	倉庫門 房內北	廚灶爐 房內北	碓磨廁 房內北
雞 蛇 鼠	龍 猴 牛	羊 兔 虎	馬 虎 兔	牛 蛇 龍	龍 鼠 蛇	兔 豬 馬
粉紅色 赭紅色	白色 金色	白色 金色	粉紅色 赭紅色	正黃色 亮黃色	正黃色 亮黃色	粉紅色 赭紅色

11	10	9	8	7	6	5	4
三	二	一	日	六	五	四	三
					大雪		勿探病
十一月十一	十一月初十	十一月初九	十一月初八	十一月初七	十一月初六	十一月初五	十一月初四
己酉	戊申	丁未	丙午	乙巳	甲辰	癸卯	壬寅
子、申	丑、未	酉、亥	酉、亥	子、申	丑、未	卯、巳	卯、巳
宜：沐浴、剃胎毛／美容整形、大掃除 ●忌：養寵物、裝上大樑／灌漿、搬進新家、結婚迎娶、葬禮、廚房裝修／火爐移位	宜：大掃除、拆房子、餘事勿取 ●忌：諸事不宜	宜：拜祖先／神明、求神賜福、開光點眼、買賣／簽約、訂婚、蓋房子（陽宅）、開始上學 ●忌：剃胎毛／美容整形、種花草、廚房裝修／火爐移位	宜：看醫生／動手術、拆房子、餘事勿取 ●忌：諸事不宜 ◎日值月破大耗日，宜事少取	宜：結婚迎娶、訂婚、搬家、搬進新家、拜祖先／神明、求神賜福、蓋房子（陽宅） ●忌：開幕／開工、葬禮	宜：結婚迎娶、訂婚、拜祖先／神明、開光點眼、出外旅遊、大掃除、移動神位、搬進新家、搬家、種花草、葬禮、亡者入棺 ●忌：陰宅動工、蓋房子（陽宅）、廚房裝修／火爐移位、開幕／開工、買賣／簽約	宜：結婚迎娶、訂婚、拜祖先／神明、開光點眼、安置神位、移動神位、出外旅遊、蓋房子（陽宅）、求神賜福、搬家、買房／進貨、買賣／簽約、放新床／移舊床、葬禮 ●忌：種花草	宜：親友聚會／派對、出外旅遊、買房／進貨、開幕／開工、買賣／簽約、蓋房子（陽宅）、搬家、搬進新家、裁製婚紗、安置神位、裝修粉刷、鋪平馬路 ●忌：建築完工後的祭祀、廚房裝修／火爐移位、葬禮
兔 62	虎 63	牛 64	鼠 65	豬 66	狗 67	雞 68	猴 69
東北	東南	正南	西南	西北	東北	東南	正南
正北	正北	西南	西南	東北	東北	正南	正南
占大門 外東北	房床爐 房內東	倉庫廁 房內東	廚灶碓 房內東	碓磨床 房內東	門雞栖 房內東	房床門 房內南	倉庫爐 房內南
牛蛇龍	龍鼠蛇	兔豬馬	狗虎羊	牛雞猴	鼠猴雞	羊豬狗	狗馬豬
正黃色 亮黃色	正黃色 亮黃色	粉紅色 赭紅色	墨綠色 蘋果綠	墨綠色 蘋果綠	粉紅色 赭紅色	黑色 正藍色	黑色 正藍色

12	13	14	15	16	17	18	19	20
四	五	六	日	一	二	三	四	五
				勿探病	彌陀佛誕 勿探病			
十一月十二	十一月十三	十一月十四	十一月十五	十一月十六	十一月十七	十一月十八	十一月十九	十一月二十
庚戌	辛亥	壬子	癸丑	甲寅	乙卯	丙辰	丁巳	戊午
丑、未	寅、午	卯、巳	卯、巳	丑、未	子、申	酉、亥	酉、亥	丑、未
宜：拜祖先／神明、開光點眼、求神賜福、大掃除、種花草、養寵物、蓋房子（陽宅）、放新床／移舊床、陰宅動工 ●忌：結婚迎娶、出外旅遊、亡者入棺、搬進新家、搬家、移動神位、葬禮	宜：蓋房子（陽宅）、廚房裝修／火爐移位、種花草 ●忌：結婚迎娶、求神賜福、葬禮、放新床／移舊床	宜：葬禮、亡者入棺 ●忌：餘事勿取	宜：結婚迎娶、拜祖先／神明、求神賜福、出外旅遊、種花草、移動神位、開幕／開工、買賣／簽約、放新床／移舊床、搬家、搬進新家 ●忌：廚房裝修／火爐移位、葬禮	宜：剃胎毛／美容整形、開光點眼、大掃除、葬禮、種花草、開幕／開工、買賣／簽約、放新床／移舊床 ●忌：拜祖先／神明、求神賜福、廚房裝修／火爐移位、搬家、搬進新家、結婚迎娶、建築完工後的祭祀	宜：拜祖先／神明、裝修粉刷、餘事勿取 ●忌：諸事不宜	宜：拜祖先／神明、開光點眼、移動神位、放新床／移舊床、搬進新家、蓋房子（陽宅）、養寵物、亡者入棺、陰宅動工、葬禮 ●忌：結婚迎娶、開幕／開工、廚房裝修／火爐移位	宜：拜祖先／神明、大掃除、餘事勿取 ●忌：諸事不宜	宜：拆房子、拜祖先／神明、沐浴、餘事勿取 ●忌：諸事不宜 ◎日值月破大耗日會四離日，宜事少取
龍 61	蛇 60	馬 59	羊 58	猴 57	雞 56	狗 55	豬 54	鼠 53
西北	西南	正南	東南	東北	西北	西南	正南	東南
正東	正東	正南	正南	東北	東北	西南	西南	正北
碓磨栖 外東北	廚灶床 外東北	倉庫碓 外東北	房床廁 外東北	占門爐 外東北	碓磨門 外正東	廚灶栖 外正東	倉庫床 外正東	房床碓 外正東
馬虎兔	羊兔虎	龍猴牛	雞蛇鼠	狗馬豬	羊豬狗	鼠猴雞	牛雞猴	狗虎羊
粉紅色 赭紅色	白色 金色	白色 金色	粉紅色 赭紅色	黑色 正藍色	黑色 正藍色	粉紅色 赭紅色	墨綠色 蘋果綠	墨綠色 蘋果綠

21	六	冬至	十一月廿一	己未	子、申	宜：放新床／移舊床、拜祖先／神明、求神賜福、亡者入棺、蓋房子（陽宅） ●忌：種花草、廚房裝修／火爐移位、看醫生／動手術	牛 52	東北	正北	占門廁外正東	兔豬馬	粉紅色 赭紅色
22	日		十一月廿二	庚申	丑、未	宜：大掃除、餘事勿取 ●忌：諸事不宜	虎 51	西北	正東	碓磨爐外東南	龍鼠蛇	正黃色 亮黃色
23	一		十一月廿三	辛酉	寅、午	宜：拜祖先／神明、開光點眼、剃胎毛／美容整形、大掃除、新生兒第一次剪指甲、放新床／移舊床、廚房裝修／火爐移位 ●忌：養寵物、陰宅動工、葬禮、結婚迎娶、開幕／開工、買賣／簽約、蓋房子（陽宅）	兔 50	西南	正東	廚灶門外東南	牛蛇龍	正黃色 亮黃色
24	二		十一月廿四	壬戌	卯、巳	宜：拜祖先／神明、求神賜福、開光點眼、蓋房子（陽宅）、裝上大樑／灌漿、放新床／移舊床、種花草、陰宅動工 ●忌：結婚迎娶、葬禮、出外旅遊、搬進新家、搬家、亡者入棺	龍 49	正南	正南	倉庫棲外東南	馬虎兔	粉紅色 赭紅色
25	三	聖誕節	十一月廿五	癸亥	卯、巳	宜：沐浴、裁製婚紗、撲滅害蟲 ●忌：搬家、搬進新家、結婚迎娶、求神賜福、開光點眼 ◎麒麟日：適合男性祈福開運	蛇 48	東南	正南	占房床外東南	羊兔虎	白色 金色
26	四	天赦日	十一月廿六	甲子	丑、未	宜：買賣／簽約、拜祖先／神明、沐浴、建築完工後的祭祀、亡者入棺、葬禮 ●忌：搬進新家、蓋房子（陽宅）、陰宅動工	馬 47	東北	東北	占門碓外東南	龍猴牛	白色 金色
27	五		十一月廿七	乙丑	子、申	宜：結婚迎娶、訂婚、拜祖先／神明、求神賜福、安置神位、移動神位、出外旅遊、看醫生／動手術、搬進新家、買賣／簽約、蓋房子（陽宅）、裝上大樑／灌漿、開始上學 ●忌：葬禮	羊 46	西北	東北	碓磨廁外東南	雞蛇鼠	粉紅色 赭紅色
28	六		十一月廿八	丙寅	酉、亥	宜：訂婚、開幕／開工、買賣／簽約、出外旅遊、大掃除、親友聚會／派對、試車／安裝機械、裝上大樑／灌漿、葬禮、亡者入棺、鋪平馬路、放新床／移舊床 ●忌：結婚迎娶、蓋房子（陽宅）、陰宅動工、求神賜福、移動神位、搬進新家	猴 45	西南	西南	廚灶爐外正南	狗馬豬	黑色 正藍色

二〇二五年一月

	5	4	3	2	1	31	30	29
	日	六	五	四	三	二	一	日
	小寒				元旦 勿探病			
	十二月初六	十二月初五	十二月初四	十二月初三	十二月初二	十二月初一	十一月三十	十一月廿九
	甲戌	癸酉	壬申	辛未	庚午	己巳	戊辰	丁卯
	丑、未	卯、巳	卯、巳	寅、午	丑、未	子、申	丑、未	酉、亥
	宜：拜祖先／神明、求神賜福、大掃除、蓋房子（陽宅）、裝上大樑／灌漿、養寵物、種花草、放新床／移舊床、訂婚、陰宅動工 ●忌：結婚迎娶、開幕／開工、移動神位、亡者入棺、搬家、搬進新家、出外旅遊、葬禮	宜：拜祖先／神明、沐浴、剃胎毛／美容整形、買房／進貨、種花草、大掃除 ●忌：親友聚會／派對、搬進新家、搬家、放新床／移舊床、開幕／開工、移動神位、廚房裝修／火爐移位、葬禮	宜：拜祖先／神明、求神賜福、開光點眼、大掃除、結婚迎娶、出外旅遊、搬進新家、搬家、養寵物、亡者入棺、陰宅動工 ●忌：蓋房子（陽宅）、放新床／移舊床、種花草	宜：拜祖先／神明、開光點眼、放新床／移舊床、出外旅遊、剃胎毛／美容整形、陰宅動工、亡者入棺 ●忌：廚房裝修／火爐移位、開幕／開工、葬禮	宜：拆房子、看醫生／動手術、餘事勿取 ●忌：搬家、搬進新家 ◎日值月破大耗日，宜事少取	宜：結婚迎娶、拜祖先／神明、求神賜福、親友聚會／派對、放新床／移舊床 ●忌：陰宅動工、行喪、葬禮	宜：訂婚、拜祖先／神明、求神賜福、開光點眼、安置神位、移動神位、出外旅遊、親友聚會／派對、試車／安裝機械、蓋房子（陽宅）、裝上大樑／灌漿、搬家、放新床／移舊床、葬禮、陰宅動工、亡者入棺 ●忌：開幕／開工 ◎鳳凰日：特別有利於女性開運	宜：拜祖先／神明、鋪平馬路、葬禮、餘事勿取 ●忌：結婚迎娶、搬進新家、訂婚
	龍 37	兔 38	虎 39	牛 40	鼠 41	豬 42	狗 43	雞 44
	東北	東南	正南	西南	西北	東北	東南	正南
	東北	正南	正南	正東	正東	正北	正北	西南
	門雞棲外西南	房床門外西南	倉庫爐外西南	廚灶廁外西南	占碓磨外正南	占門床外正南	房床棲外正南	倉庫門外正南
	馬虎兔	牛蛇龍	龍鼠蛇	兔豬馬	狗虎羊	牛雞猴	鼠猴雞	羊豬狗
	粉紅色 赭紅色	正黃色 亮黃色	正黃色 亮黃色	粉紅色 赭紅色	墨綠色 蘋果綠	墨綠色 蘋果綠	粉紅色 赭紅色	黑色 正藍色

6	7	8	9	10	11	12	13
一	二	三	四	五	六	日	一
	臘八節			勿探病			勿探病
十二月初七	十二月初八	十二月初九	十二月初十	十二月十一	十二月十二	十二月十三	十二月十四
乙亥	丙子	丁丑	戊寅	己卯	庚辰	辛巳	壬午
子、申	酉、亥	酉、亥	丑、未	子、申	丑、未	寅、午	卯、巳
宜：拜祖先／神明、出外旅遊、沐浴、裁製婚紗、求神賜福、訂婚、結婚迎娶、試車／安裝機械、開幕／開工、買賣／簽約、養寵物 ●忌：種花草、亡者入棺、葬禮	宜：拜祖先／神明、求神賜福、沐浴、放新床／移舊床、開幕／開工、試車／安裝機械、亡者入棺、葬禮 ●忌：廚房裝修／火爐移位、結婚迎娶、搬進新家	宜：大掃除、拜祖先／神明、餘事勿取 ●忌：今日無禁忌，萬事放寬心	宜：開幕／開工、買賣／簽約、開光點眼、大掃除、移動神位、搬進新家、搬家、放新床／移舊床、種花草、養寵物、葬禮、蓋房子（陽宅）、裝上大樑／灌漿 ●忌：結婚迎娶、拜祖先／神明、出外旅遊	宜：開幕／開工、買賣／簽約、買房／進貨、結婚迎娶、訂婚、養寵物、放新床／移舊床 ●忌：裝上大樑／灌漿、求神賜福、蓋房子（陽宅）、葬禮、搬進新家、廚房裝修／火爐移位	宜：拜祖先／神明、大掃除、裝修粉刷、鋪平馬路、餘事勿取 ●忌：今日無禁忌，萬事放寬心	宜：結婚迎娶、拜祖先／神明、求神賜福、蓋房子（陽宅）、親友聚會／派對、養寵物 ●忌：葬禮、種花草、出外旅遊、廚房裝修／火爐移位、開幕／開工、搬進新家	宜：結婚迎娶、拜祖先／神明、求神賜福、開光點眼、搬家、搬進新家、放新床／移舊床、蓋房子（陽宅） ●忌：種花草、出外旅遊、廚房裝修／火爐移位、開幕／開工、葬禮
蛇 36	馬 35	羊 34	猴 33	雞 32	狗 31	豬 30	鼠 29
西北	西南	正南	東南	東北	西北	西南	正南
東北	西南	西南	正北	正北	正東	正東	正南
碓磨床 外西南	廚灶碓 外西南	倉庫廁 外正西	房床爐 外正西	占大門 外正西	碓磨栖 外正西	廚灶床 外正西	倉庫碓 外西北
羊 兔 虎	龍 猴 牛	雞 蛇 鼠	狗 馬 豬	羊 豬 狗	鼠 猴 雞	牛 雞 猴	狗 虎 羊
白色 金色	白色 金色	粉紅色 赭紅色	黑色 正藍色	黑色 正藍色	粉紅色 赭紅色	墨綠色 蘋果綠	墨綠色 蘋果綠

21	20	19	18	17	16	15	14
二	一	日	六	五	四	三	二
	大寒						
十二月廿二	十二月廿一	十二月二十	十二月十九	十二月十八	十二月十七	十二月十六	十二月十五
庚寅	己丑	戊子	丁亥	丙戌	乙酉	甲申	癸未
丑、未	子、申	丑、未	酉、亥	酉、亥	子、申	丑、未	卯、巳
宜：開光點眼、訂婚、開幕／開工、買賣／簽約、買房／進貨、蓋房子（陽宅）、葬禮、陰宅動工、沐浴 ●忌：搬進新家、拜祖先／神明、建築完工後的祭祀	宜：拜祖先／神明、大掃除、餘事勿取 ●忌：結婚迎娶、蓋房子（陽宅）、葬禮 ◎日值季月紅紗正煞，宜事少取	宜：放新床／移舊床、裁製婚紗、開幕／開工、買賣／簽約、亡者入棺、葬禮 ●忌：結婚迎娶、出外旅遊、開光點眼、看醫生／動手術、種花草、蓋房子（陽宅）、陰宅動工、搬進新家	宜：開幕／開工、買賣／簽約、買房／進貨、養寵物、搬家、搬進新家、放新床／移舊床、開光點眼、求神賜福、蓋房子（陽宅） ●忌：結婚迎娶、葬禮、亡者入棺、剃胎毛／美容整形、廚房裝修／火爐移位、種花草	宜：拜祖先／神明、大掃除、餘事勿取 ●忌：諸事不宜	宜：拜祖先／神明、亡者入棺、陰宅動工、葬禮、餘事勿取 ●忌：今日無禁忌，萬事放寬心	宜：結婚迎娶、開光點眼、出外旅遊、移動神位、搬進新家、搬家、開幕／開工、買賣／簽約、蓋房子（陽宅）、陰宅動工、葬禮 ●忌：放新床／移舊床、求神賜福、養寵物	宜：拆房子、餘事勿取 ●忌：諸事不宜
猴 21	羊 22	馬 23	蛇 24	龍 25	兔 26	虎 27	牛 28
西北	東北	東南	正南	西南	西北	東北	東南
正東	正北	正北	西南	西南	東北	東北	正南
碓磨爐 外正北	占門廁 外正北	房床碓 外正北	倉庫床 外西北	廚灶栖 外西北	碓磨門 外西北	占門爐 外西北	房床廁 外西北
狗馬豬	雞蛇鼠	龍猴牛	羊兔虎	馬虎兔	牛蛇龍	龍鼠蛇	兔豬馬
黑色 正藍色	粉紅色 赭紅色	白色 金色	白色 金色	粉紅色 赭紅色	正黃色 亮黃色	正黃色 亮黃色	粉紅色 赭紅色

28	27	26	25	24	23	22
二	一	日	六	五	四	三
除夕 華嚴聖誕	小年夜					
十二月廿九	十二月廿八	十二月廿七	十二月廿六	十二月廿五	十二月廿四	十二月廿三
丁酉	丙申	乙未	甲午	癸巳	壬辰	辛卯
酉、亥	酉、亥	子、申	丑、未	卯、巳	卯、巳	寅、午
宜：拜祖先／神明、亡者入棺、陰宅動工、葬禮 ●忌：搬進新家、廚房裝修／火爐移位、結婚迎娶、訂婚 ◎日值受死日忌諸吉事	宜：開光點眼、安置神位、移動神位、種花草、結婚迎娶、訂婚、裁製婚紗、買房／進貨、開幕／開工、買賣／簽約、蓋房子（陽宅）、搬家、搬進新家、葬禮、陰宅動工、亡者入棺 ●忌：求神賜福、拜祖先／神明、放新床／移舊床、建築完工後的祭祀 ◎鳳凰日：特別有利於女性開運	宜：拜祖先／神明、拆房子、大掃除、餘事勿取 ●忌：開幕／開工、蓋房子（陽宅）、陰宅動工 ◎日值月破大耗日，宜事少取	宜：拜祖先／神明、求神賜福、開光點眼、大掃除、結婚迎娶、訂婚、出外旅遊、養寵物、搬進新家、搬家、放新床／移舊床、移動神位、蓋房子（陽宅）、建築完工後的祭祀、陰宅動工、葬禮 ●忌：裝上大樑／灌漿、廚房裝修／火爐移位、開幕／開工、買賣／簽約	宜：拜祖先／神明、開光點眼、移動神位、搬進新家、搬家、結婚迎娶、養寵物、蓋房子（陽宅）、裝上大樑／灌漿、放新床／移舊床 ●忌：開幕／開工、種花草、出外旅遊、葬禮、看醫生／動手術	宜：大掃除、鋪平馬路、餘事勿取 ●忌：搬家、搬進新家、種花草、看醫生／動手術	宜：結婚迎娶、出外旅遊、剃胎毛／美容整形、開幕／開工、買賣／簽約、買房／進貨、放新床／移舊床、葬禮 ●忌：求神賜福、搬進新家、建築完工後的祭祀、蓋房子（陽宅）、裝上大樑／灌漿、廚房裝修／火爐移位 ◎麒麟日：適合男性祈福開運
兔 14	虎 15	牛 16	鼠 17	豬 18	狗 19	雞 20
正南	西南	西北	東北	東南	正南	西南
西南	西南	東北	東北	正南	正南	正東
倉庫門 房內北	廚灶爐 房內北	碓磨廁 房內北	占門碓 房內北	占房床 房內北	倉庫栖 外正北	廚灶門 外正北
牛 蛇 龍	龍 鼠 蛇	兔 豬 馬	狗 虎 羊	牛 雞 猴	鼠 猴 雞	羊 豬 狗
正黃色 亮黃色	正黃色 亮黃色	粉紅色 赭紅色	墨綠色 蘋果綠	墨綠色 蘋果綠	粉紅色 赭紅色	黑色 正藍色

二月

4	3	2	1	31	30	29
二	一	日	六	五	四	三
	立春	初五迎神 勿探病				春節 彌勒聖誕
正月初七	正月初六	正月初五	正月初四	正月初三	正月初二	正月初一
甲辰	癸卯	壬寅	辛丑	庚子	己亥	戊戌
丑、未	卯、巳	卯、巳	寅、午	丑、未	子、申	丑、未
宜：結婚迎娶、開光點眼、親友聚會／派對、放新床／移舊床 ●忌：搬進新家、搬家、移動神位、蓋房子（陽宅）、葬禮、安置神位、廚房裝修／火爐移位、開幕／開工、買賣／簽約	宜：出外旅遊、放新床／移舊床、買房／進貨、開幕／開工、買賣／簽約、結婚迎娶、種花草、亡者入棺、葬禮 ●忌：求神賜福、裝上大樑／灌漿、廚房裝修／火爐移位、搬進新家、蓋房子（陽宅）、陰宅動工	宜：結婚迎娶、開光點眼、大掃除、移動神位、搬進新家、搬家、放新床／移舊床、種花草、亡者入棺、蓋房子（陽宅） ●忌：廚房裝修／火爐移位、葬禮、拜祖先／神明、養寵物、開幕／開工、訂婚、出外旅遊、建築完工後的祭祀	宜：拜祖先／神明、親友聚會／派對、大掃除、餘事勿取 ●忌：結婚迎娶、搬進新家、出外旅遊、蓋房子（陽宅）、陰宅動工、葬禮	宜：拜祖先／神明、求神賜福、沐浴、合八字、開幕／開工、買房／進貨、亡者入棺、葬禮、建築完工後的祭祀 ●忌：開光點眼、搬進新家、結婚迎娶、蓋房子（陽宅）、種花草、開幕／開工、蓋房子（陽宅）、陰宅動工	宜：訂婚、拜祖先／神明、求神賜福、沐浴、親友聚會／派對、開始上學、看醫生／動手術、養寵物 ●忌：結婚迎娶、搬進新家、葬禮	宜：拜祖先／神明、買房／進貨 ●忌：結婚迎娶、開幕／開工、搬進新家、放新床／移舊床、陰宅動工、葬禮
狗 68	雞 69	猴 10	羊 11	馬 12	蛇 13	龍 14
東北	東南	正南	西南	西北	東北	東南
東北	正南	正南	正東	正東	正北	正北
門雞栖 房內東	房床門 房內南	倉庫爐 房內南	廚灶廁 房內南	占碓磨 房內南	占門床 房內南	房床栖 房內南
鼠猴雞	羊豬狗	狗馬豬	雞蛇鼠	龍猴牛	羊兔虎	馬虎兔
粉紅色 赭紅色	黑色 正藍色	黑色 正藍色	粉紅色 赭紅色	白色 金色	白色 金色	粉紅色 赭紅色

人生顧問 494

2024開運大預言&祥龍財庫年開運農民曆

作　者—雨揚老師
責任編輯—廖宜家
主　編—謝翠鈺
企　劃—陳玟利
美術編輯—張淑貞
封面設計—初雨有限公司

董 事 長—趙政岷
出 版 者—時報文化出版企業股份有限公司
108019台北市和平西路三段二四〇號七樓
發行專線—（〇二）二三〇六六八四二
讀者服務專線—〇八〇〇二三一七〇五
（〇二）二三〇四七一〇三
讀者服務傳真—（〇二）二三〇四六八五八
郵撥—一九三四四七二四時報文化出版公司
信箱—一〇八九九　台北華江橋郵局第九九信箱

時報悅讀網— http://www.readingtimes.com.tw
法律顧問—理律法律事務所　陳長文律師、李念祖律師
印刷—和楹印刷有限公司
初版一刷—二〇二三年十月六日
定價—新台幣四八〇元
缺頁或破損的書，請寄回更換

時報文化出版公司成立於一九七五年，
並於一九九九年股票上櫃公開發行，於二〇〇八年脫離中時集團非屬旺中，
以「尊重智慧與創意的文化事業」為信念。

2024 開運大預言 & 祥龍財庫年開運農民曆 / 雨揚老師作 . -- 初版 . -- 臺北市 : 時報文化出版企業股份有限公司 , 2023.10
面 ;　公分 . -- (人生顧問 ; 494)
ISBN 978-626-374-199-7(平裝)

1.CST: 生肖 2.CST: 改運法

293.1　　112012480

ISBN978-626-374-199-7
Printed in Taiwan